크레타로 가는 밤배

박수인 글·사진

북하우스

추천의 글
자판기 커피의 향기

    내가 아는 박수인은 영락없는 선비다. 책 읽는 것을 좋아하고 책 만드는 일로 먹고사는 데다 가만가만 남을 타이르는 듯한 음성에 다소곳한 자태(?)까지. 게다가 그의 가냘프고 우아한 필체는 어떻고. 할 수만 있다면 훔치고 싶을 정도다. 그에겐 책을 새로 살 때마다 책의 맨 앞장에 언제 어디서 샀는지를 적는 습관이 있다. 언젠가 그에게서 뺏어온 책의 앞장에는 그 고운 필체로 이렇게 적혀 있다. '97. 겨울. 城南敎保, 한가람'(파란색 만년필 잉크로!) 1997년 겨울 성남 교보빌딩에 있는 한가람문고에서 샀다는 얘기일 것이다. 마치 나그네가 여정을 기록하는 투다. 그러고 보면 그의 긴 여행은 그가 아는 것보다도 훨씬 오래전부터 계획된 것일지도 모른다.
    그는 언젠가 일을 그만두고 여행을 떠나겠다고, 입버릇처럼 말했었다. 편집일이란 일의 고됨에 비해 보상이 적은 직업이다. 편집자의 일상 대부분을 차지하는 교정일은 집안 청소와도 같아서 잘못하면 흠을 잡히고 잘해야 무사통과다. 그래도 흠이 덜한, 또는 말끔한 책 한 권을 손에 받아보기 위해 편집자들은 매일같이 정신을 곤추세우고 날카로운 펜 끝으로 한 문장 한 문장 훑어 내려가야 하는 것이다. 그래서 여행을 떠나겠다는 그의 '만트라'는 고단한 편집일을 하다 얻은 버릇이려니 했었다.

그러던 그가 어느 날 진짜로 일을 그만두더니 긴 여행을 떠난다는 것이었다. 여행을 떠나기 전 그의 필체를 닮은 가냘픈 어깨가 애처로웠지만 그의 발걸음만은 옹골지리라 생각했다. 누구보다도 옹골진 사랑을 품고 사는 사람이 아니던가. 아무리 먼 곳에 있다지만 그 사랑을 찾아가는 그의 발걸음은 자신의 사랑을 닮았을 것이다.

이 책은 그가 사랑하는 사람과 풍경을 찾아가는 여정의 기록이다. 그의 마음 한구석에 자리 잡고 있는 카를 마르크스의 무덤에서, '폭풍의 언덕'의 붉고 황량한 히스 벌판, 그토록 책으로 만들고 싶어했던 케테 콜비츠, 고통스러운 삶을 예술로 승화시킨 빈센트 반 고흐, 그가 탐내던 지베르니의 모네의 정원, 너무나 인간적인 혁명가 안토니오 그람시, 에게 해를 바라보며 잠들어 있는 그의 스무 살 적 사랑 니코스 카잔차키스까지.

그가 이 긴 여정에서 본 것들은 새로운 풍경의 화려함이 아니다. 그보다는 오히려 익숙한 것들의 따스함이다. 애초부터 그가 새로운 걸 보겠다고 마르크스와 그람시와 카잔차키스의 무덤을 찾은 건 아닐 것이다. 익히 알고 사랑하던 사람들을 다시 만나 정을 나누고 싶었던 게다. 그 길에서 만난 건 어쩌면 더 익숙한 '사람들의 모습'이건만, 그는 자꾸 감동받는다. 타야 할 버스를 알려주던 할머니의 친절에 놀라고 같은 길을 가다 만난 중국인 아가씨들의 해맑음에 반해버린다. 함께 감을 따는 부부의 모습에 주저앉고 싶다고 하고, 모네의 정원에서 만난 할머니의 미소에는 '황홀'하다. "나를 황홀하게 하는 건 멋진 경치나 스펙터클한 구경거리가 아니라 이런 사람들의 살가운 느낌들이다!" 그가 사랑하던 반 고흐가 죽은 오베르 쉬르 우아즈를 찾아가 그의 자취를 찾고 싶어하지만 그의 흔적이 남아 있을 리 없다. 그보다는 그곳을 찾아가다 얻어 마신 커피 한잔에 시골길을 걷던 반 고흐와 동화되고 만다.

내가 오베르에 간 날은 정말로 화창한 가을날이었다. 창밖으로는 프랑스 시골의 평온한 풍경이 만화경처럼 흘러갔다. 들판은 평안하게 가을 햇살을 받으며 드러누웠고 우아즈 강은 게으름뱅이처럼 느릿하게 흘러갔다. 아랍인들이 선사한 커피 한잔을 목으로 흘려넘기는 마음은 물처럼 고요해 나는 이방인이라는 느낌이 조금도 들지 않았다. 마치 오래전부터 익숙한 길을 오가는 듯한 느낌이었다.

아닌 게 아니라 박수인은 아무데서나 커피를 찾는다. 교정지를 앞에 놓고 끊임없이 커피를 마셔대던 습관 때문일 것이다. 손짓발짓을 해가며 가까스로 얻은 커피 한잔에 신나서 몽마르트르를 오르고, 극심한 여독에도 커피 한잔을 마시고는 피곤이 풀린다 한다. 코린트 만의 이오니아 해를 바라보면서 자판기 커피 한잔이 생각난다고 중얼거리는 그의 모습에 웃음이 다 나온다. 그동안 지겹게도 마셔대던 자판기 커피가 그리도 그리웠을까?

그가 그리워한 건 따뜻한 사람들이었을 게다. 그가 유명한 무덤의 주인공들을 사랑한 이유는 바로 따뜻한 미소를 띤 이 평범한 사람들에게 다가가기 위한 것이었으니까. 그의 여행은 화려한 일탈이 아닌 일상의 확인이다. 언제나 그와 함께하던, 그가 마시던 커피 한잔에 녹아 있던 사랑의 확인. 아시시로 가는 기차 안에서 그는 성 프란체스코를 닮은 농부들을 그리며 이렇게 말한다.

"아, 나도 그처럼 좋은 사람이 되고 싶다. 좋은 사람들을 만나고 좋은 얘기들만 하면서 그이들처럼 '존재'하고 싶다."

리옹 역에서 어렵사리 얻은 자판기 커피향이 그는 '그윽하다'고 한다. 그에게서는, 그의 책에서는 그윽한 사람의 향기가 난다. 바람 불던 파주 벌판, 그의 단정한 편집실에서 함께 마시던 자판기 커피 한잔이 몹시 그리워진다.

박상미(화가 · 번역가)

차례

- 11 이제 유령은 떠났는가?
  하이게이트 묘지의 카를 마르크스

- 21 저 언덕 너머에 히스클리프와 캐시가
  에밀리 브론테의 폭풍의 언덕

- 31 야생의 숲과 붉은 등이 걸린 거리에서
  호게 벨루베와 암스테르담

- 40 선한 사마리아 여인
  베를린의 케테 콜비츠

- 54 인간, 아직 중간밖에 못 온 직립원인
  유대인 수용소 다하우와 홀로코스트

- 65 평온한 삶에 깃든 고뇌와 슬픔
  성 토마스 교회의 요한 제바스티안 바흐

- 74 이토록 비통한 삶
  오베르 쉬르 우아즈의 빈센트 반 고흐

- 84 검푸른 밤이 내려앉은 카페
  반 고흐가 꿈꾸었던 프로방스

- 95 세상의 모든 색으로 채운 거대한 팔레트
  지베르니의 모네의 정원

- 104 파리의 하늘 밑
  페르 라셰즈의 코뮌 전사들의 묘

- 114 그대의 길을 가라
  엑상프로방스의 폴 세잔

- 128 1937년 4월, 우리를 기억해다오
  게르니카, 선량한 사람들의 죽음

- 141 거룩한 고요
  산토 도밍고 데 실로스의 저녁기도

150 **무어의 마지막 한숨**
알함브라에서 보낸 편지

161 **시인의 죽음**
그라나다와 알바이신, 그리고 가르시아 로르카

173 **올가 이야기**

177 **카탈루냐 찬가**
피카소와 바르셀로나, 그리고 쓸쓸한 혁명의 기억

193 **어느 혁명가의 초상**
안토니오 그람시를 찾아서

206 **르네상스의 빛과 그림자**
다 빈치와 미켈란젤로의 도시 피렌체

220 **가난한 이들의 성자**
아시시의 성 프란체스코

230 **젊음, 젊다는 것**
길 위에서 만난 사람들

236 **삶을 사랑하고 죽음을 두려워하지 말라**
크레타, 크레타인 니코스 카잔차키스

249 **미궁은 어디에 있는가?**
크노소스의 폐허와 미노타우로스의 슬픔

258 **존재의 비밀**
전설의 바다 에게 해와 포세이돈 신전

270 **공중에 걸린 수도원**
더 높이, 신께 더 가까이

280 **신의 뜻을 묻다**
신과 인간이 만나는 세상의 중심 델포이

292 두 번의 여행을 마치며

이제 유령은 떠났는가?
:: 하이게이트 묘지의 카를 마르크스

히스로에 내린다.

긴 비행 끝에 우리가 잉글랜드라 부르는 커다란 섬의 치맛자락 같은 해안선이 눈 아래 내려다보였을 때의 느낌은 안도감에 가까웠다. 이제 더는 좌석 벨트에 구속되지 않아도 된다는 해방감, 잠들 수도 없을 정도로 으르렁대는 비행기 엔진의 소음에 시달리지 않아도 된다는 안도감이 밀려들었다. 나는 비로소 편안하게 숨을 내쉰다. 그리고 첫 기착지가 될 이 나라의 집과 개울과 잔디밭, 공장들을 호기심에 차서 내려다본다. 비행기는 커다랗게 선회하며 제가 내려앉을 땅을 찾아 몸을 낮춘다. 나는 황지우의 시구를 떠올리며 빙그레 미소 지었다. '교차로에서 버스의 급격한 우경화는 사람들을 좌경화시킨다.' 하지만 비행기는 급하지 않게 천천히, 그리고 커다란 원을 그리며 선회하므로 우리들이 좌경화되는 불상사는 일어나지 않는다. 모름지기 변화를 도모하는 자는 생각해볼 일이다.

아침 일곱시 삼십분. 듣던 대로였다. 전 세계에 널리 알려진 명성에 걸맞게 머리 위로 어두운 구름이 내리누르듯 걸린 런던의 하늘은 음침하고 을씨년스러웠다. 조심스럽게 입국카드를 쓰고 머릿속으로는 입국심사관의 질문에 대답할 말을 생각한다. 입국 목적은? 체류 기간은? 돈은 얼마나 갖고 있나?

나는 다양한 피부색과 옷차림을 한 사람들을 훔쳐보며 혹시나 저들이 날 돌려보낼까 두려워 대답할 말을 연습한다. 나는 여행객이고, 이 별 볼일 없는 나라엔 한 사나흘 머무를 거고, 돈은 500파운드 갖고 있고, 신고해야 할 물건 같은 건 갖고 있지 않다. 당신들이 비싸게 파는 담배는 겨우 두 보루 갖고 왔는데 그 정돈 괜찮겠지? 리즈에서 유학 중인 선배는 많이 가져와도 상관없다고 했지만 상관없지 않을 것 같아서 이것만 갖고 왔지. 혼자 중얼거리다보니 긴장이 조금 풀린다. 공항 청사의 긴 통로를 걸어나와 또 한참 줄을 선다. 공항은 매우 낡고 어둡다. 이곳이 히스로란 말이지. 그렇지, 이곳은 한국이 아닌 영국이고 김포나 영종도가 아닌 히스로다. 그런데 왜 감격스럽지도 설레지도 않을까 하고 생각 중인데 내 차례가 왔다. 공항 직원은 마치 안심이라도 시켜주려는 듯 사람 좋게 웃더니 간단하게 "관광하러 왔느냐"고 묻고는 기분 좋게 쾅! 하고 입국 스탬프를 찍어준다. 호랑이 아가리를 빠져나오는 듯한 기분으로 입국심사대를 나왔다. 비로소 마음이 개운해지고 발걸음이 가볍다. 입가에 미소가 감돈다. 이렇게 첫발을 내디딘 것이다.

몸은 피곤했지만 정신은 맑았고, 차창 밖으로 보이는 풍경들은 충분히 이국적이었지만 마음 들뜨게 하지는 않았다. 앞으로 며칠 묵게 될 민박에 짐을 풀고 나서도 이곳이 스물 몇 시간이나 날아와 닿은 이국만리가 아니라 서울 어디쯤인 것 같은 느낌이 들어, 그런 평상심이 왠지 서운했다. 도착 첫날이라 더운 물로 샤워부터 하고 한잠 잘 생각이었다. 배낭을 풀어헤쳐 시내에 나갈 때 들고 나갈 것과 지금 당장 쓸 것, 나중에 쓸 것들을 분류하고 있는데 집주인이 문을 열고 얼굴을 들이밀더니 미안한 표정으로 말한다. 보일러를 고쳐야 해서 낮에는 집을 비워달라는 거다. 부랴부랴 씻고 머리를 감고 옷을 갈아입었다.

숙소를 나와 지하철을 찾아 걷노라니 어딜 어떻게 가야 하나 조금 어리둥절했다. 그럴 땐 가장 익숙한 게 제일 먼저 생각나는 걸까. 런던, 하이게이트 묘지Highgate Cemetery, 카를 마르크스. 배낭에서 가이드북을 꺼내 가야 할 곳을 다시 한번 확인한다. 아치웨이 역에서 내려 도보로······.

아치웨이 역에서 내렸지만 막상 그가 어디 누웠는지 아는 사람은 없었다. '세상에. 비록 망명객이긴 했지만 이곳에서 수십 년을 살았던 사람인데, 명색이 좌파 정당이 집권하고 있다는 나라의 시민들이 이렇게 모를 수가 있나' 하고 중얼거리다 버스정류장에서 서성대는 아시아계로 보이는 (인도인 같다) 할머니에게 말을 붙였다. 카를 마르크스는 모르지만 하이게이트 묘지는 알고 있었다. 한국에서 왔다고 하니 반가운 체를 한다. 할머니는 알아듣지도 못하는 영어로 살갑게 많은 말을 했는데, 내 귀에 들어오는 말은 할머니가 탈 버스는 몇 번이고 내가 타야 하는 차는 몇 번이라는 것 정도였다. 그런데 할머니는 한참을 기다린, 자신이 탈 버스가 왔는데도 그냥 보내버렸다. 그러고선 인자한 표정으로 자기와 같이 가면 된다는 것이다. 그리고 또 버스 운전사에게 이 인간이 어디에 간다고 하니 거기에 내려달라고 부탁하는 것이었다.

 버스 안 풍경은 우리네 시골 버스와 비슷하달까, 아는 사람들과 인사하고 웃고 떠들며 왁자지껄한 분위기였다. 할머니 역시 동네 친구들을 만났는지 반갑게 인사를 하더니 그들에게 내 이야기를 하는 것 같다. 어디에서 왔고 아무개를 찾아 어디를 간다…… 5분쯤 달렸을까? 운전사가 차를 멈추더니 나에게 무슨 말인가 한다. 할머니가 등을 떠밀었다. 여기서 내려야 한다는 것이다. 급한 마음에 당황해서 할머니에게 인사도 변변히 못 하고 깡총 뛰어내렸다.

 워털루 공원을 가로질러 걸어가면 하이게이트 묘지가 나온다. 향긋한 풀냄새가 황홀하다. 공원 여기저기서 막 잔디를 깎고 있었다. 정말 화창한 가을날, 폐 속 가득히 풀내음을 들이마신다. 연초록빛 풀내음으로 내 허파, 심장도 물들어 싱싱해질 것만 같다.

 공원 여기저기에 까마귀들이 어슬렁거리고, 버르장머리 없는 젊은 것들이 서로 팔베개를 하거나 상대의 무릎을 베고 여기저기에 누워 있다. 느긋하게 풀밭을 어슬렁거리는 기분이라니. 그제야 내가 한국을 떠났구나, 그리고 여긴 낯선 땅 유럽이구나 싶었다.

 공원을 가로질러 죽 걸어가니 십자가들이 보였다. 북극성인 양 십자가를 푯대 삼아 오른쪽으로 돌아가니 묘지 입구가 나왔다. 여기가 하이게이트 묘지로구나 중얼거리며 들어섰는데 젊은 여자가 입장권을 팔고 있었다. 돈을 받는다고? 2파운드를 내란다. 야바위꾼에게 돈을 털리는 시골 소년이 된 듯한 기분이었다. 그녀는 생글거리더니 다시 사진을 찍을 거냐고 물었다. 나는 (의례적으로 묻는 말인 것 같아서) 당연히 찍을 거라고 했더니 1파운드를 더 내라는 것이었다. 3파운드를 냈다. 묘지 구경에 3파운드라.

마르크스의 묘지는 주변의 다른 묘지들에 비해 크고 화려했다. 묘석 위에 그의 커다란 두상이 얹혀 있고 묘비 한가운데에는 '만국의 노동자들이여, 단결하라!'는 그 유명한 구호가 적혀 있다. 엘 푸에블로 우니도, 야마스 세라 벤시도! 엘 푸에블로 우니도, 야마스 세라 벤시도!(El Pueblo Unido, Jamas Sera Vencido!(민중이 단결하면 패배하지 않는다.) 1970년대 칠레 인민연합의 역사적인 실험 한복판에서 비장하게 울려 퍼졌던 노래의 후렴이 생각나 흥얼거렸다.

마르크스는 영국에서 30여 년을 살았다. 그 자신도 그렇게 오랜 세월 머물러 살게 되리라고는 생각지 않았다. 영국은 당시 전례 없는 풍요를 구가하고 있었고 혁명의 전망은 어둡기 짝이 없었다. 런던에서의 망명생활은 절망적인 가난과 좌절로 점철되었다. 그의 가족은 빌린 돈이나 엥겔스가 보내주는 1파운드짜리 지폐로 버텼고, 어떤 날은 불빛도 먹을 것도 없이 몇 시간 동안 앉아 있기만 한 적도 있었다. 이 시절에 그는 자식 셋을 잃었다. 극심한 생활고 때문이었다. 사랑하는 아들 에드거가 죽었을 때 그는 엥겔스에게 편지를 내어 속마음을 털어놓았다. "나는 진짜 불행이 무엇인지 이제야 겨우 배웠다네."

전당포에 옷을 맡기고 빚쟁이를 피해 숨어지내던 비참한 생활이었지만

마르크스는 틈날 때마다 가족들에게 시와 소설, 문학작품에서 좋은 부분을 읽어주었다. 이를 통해 아이들에게 고상한 감정과 도덕을 심어주려 했던 것이다. 오래전에 읽고 노트에 적어두었던 "프롤레타리아가 비참한 천민 떼거지로 전락하지 않으려면 용기와 자기 확신, 자존심과 명예를 빵보다 더 소중히 여겨야 한다"는 마르크스의 말은 어쩌면 그가 스스로 되뇌던 말인지도 모르겠다.

서른두 살에 영국에 건너온 마르크스는 쉰다섯 살 되던 1883년 폐종양으로 숨을 거두었다. 엥겔스는 가족과 아주 가까운 지인들 열한 명만 참석한 이곳에서의 장례식 추도사를 통해 그가 무엇보다 '혁명가'였음을 강조하고 싶어했다. 이젠 그런 말은 광고업자들이나 써먹는 세상이 되었다. 마르크스의 묘지 바로 맞은편에는 우습게도 허버트 스펜서의 묘지가 있다. 억압받는 자들의 해방을 갈구하고 그 운동에 평생을 바친 인류의 프로메테우스와, 다윈의 진화론을 인간 세상에 적용한 비정한 자가 이제는 죽어서 얼굴을 마주보는 셈이다. 살아생전에 서로 비웃으며 물어뜯을 듯이 싸웠다던 볼테르와 루소도 지금은 호화찬란한 팡테옹에 나란히 누워 있다. 볼테르는 심지어 루소를 천치, 괴물, 사기꾼, 문학의 독버섯, 시대의 배설물, 야수 따위의 민망하기 짝이 없는 막말로 비난해댔으니 이 사람이 그 유명한 관용의 철학자인지 의심스러울 정도다. 이제 숨을 거두었으니 인간사는 모두 잊고 그만 화해하라고 서로 가까운 곳에 묻어준 것일까? 그

하이게이트 묘지의 카를 마르크스. 1818년 남부 독일 트리어에서 태어나 1883년 런던에서 죽었다. 평생의 동지였던 엥겔스가 추도사에서 밝혔듯이 그의 이름과 업적은 앞으로도 결코 사라지지 않을 것이다.

베를린 마르크스 엥겔스 광장에서 구동독 쪽을 바라보고 있는 두 사람. 마르크스의 손과 발은 사람들의 손길에 겉칠이 모두 벗겨져 있었다. 성인의 손과 발을 어루만지며 소원을 비는 것은 서양의 오래된 관습이라고 한다. 그들이 마르크스의 손을 어루만지며 바란 건 무엇이었을까?

렇다 해도 마르크스가 스펜서와 화해할 일은 없을 것 같다. 누군가 "늙을수록 더 너그러워진다"고 말하자 그는 놀라며 "그래요? 정말인가요?"라고 대답했다지 않은가.

나는 다시 한번 더 『공산당 선언』의 그 유명한 웅변을 새겨놓은 묘비를 손으로 쓰다듬어본다.

"만국의 노동자여, 단결하라! 잃을 것은 쇠사슬이고 얻을 것은 온 세계다." 이 얼마나 힘차고 명쾌하며 웅변적인 예언인가. 이루어지지 않았다

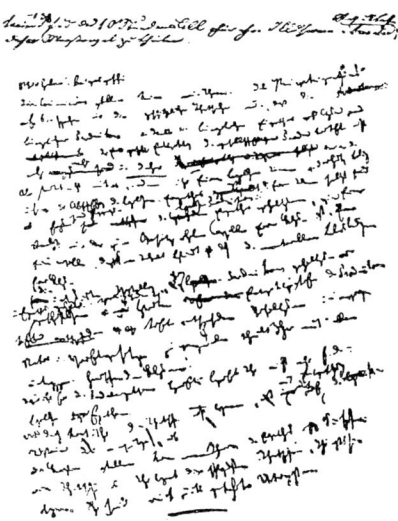

『공산당 선언』 초고. 이 얇은 책의 시적인 문체와 당당한 선언, 날카로운 통찰은 마치 심장을 내려치는 듯한 충격을 준다.

해도 얼마나 아름다운 꿈인가. 하지만 그가 희망을 걸었던 프롤레타리아는 자신의 역사적 책무를 배반했다. 압도적 다수이면서도 사회적 약자라 불리는 사람들, 모든 것을 만들어내고 세상을 실제로 움직이는 주인이면서도 피억압자로 남아 단결하지 못하고 뿔뿔이 흩어져 있는 사람들, 히틀러를 따라 세계를 불구덩이로 몰아넣은 사람들, 결정적인 순간마다 '행복해지는 것을 두려워하여' 그 자리에 주저앉아버리곤 하는 사람들……. 하지만 바로 그런 이유로 그들에겐 자신의 운명과 결박당한 이 세계의 근본적 변화에 대한 연대책임이 있다.

지배자들에게 공포를 불러일으키는 '유령'이 전 유럽을 떠돌고 있다는 문장으로 시작되는 『공산당 선언』을 언제 읽었는지는 기억이 나지 않는다. 마르크스가 원고 마감일에 쫓기며 한 문장 한 문장을 다듬고, 만족스럽지 못한 문장은 삭제하고, 정확한 단어를 찾는 데 고심하며 단 6주 만에 써낸 이 작은 책의 시적인 문체와 날카로운 통찰, 야심만만한 선언에 얼마나 감탄했던가. 지난날들을 생각하면 후회스럽다. 더 헌신할 수 있었을 텐데, 더 용기 있게 싸울 수 있었을 텐데, 더욱더 치열하게 배우고 공부한 것을 나누고 선전할 수 있었을 텐데…… 나는 그러지 못했다. 파업전야의 팽팽한 긴장감, 함께 부르던 노래, 어둠 속에서 숙연히 듣던 연설과 소리 없이 전해지던 뿌듯한 일체감. 이 모든 것을 함께 했던 친구들이 이 무덤 앞에서 문득 사무치게 그리워졌다.

  이곳 사람들은(적어도 내가 만난 사람들은) 누구나 친절하다. 공원에서 아이를 데리고 놀고 있는 여인네(이 아줌마에게 묘지 입구를 물었다)도, 벤치에서 신문을 보는 남자(이 아저씨에겐 복잡한 공원 구조를 물었다)도, 커피숍의 점원(이 친구에겐 커피를 주문했지, 바닥 청소를 하고 있던 여인네에겐 토일렛이 어디냐고 물었고)도 씩씩하고 친절하다. 커피 한잔을 주문하여 공원 벤치에 들고 나와 홀짝였다. 내가 지금 마시는 것은 커피가 아니라 영국의 가을 햇살이고 푸른 하늘이며 갓 깎은 잔디의 풀내음이고 해방감이다.

저 언덕 너머에
히스클리프와 캐시가
:: 에 밀 리 브 론 테 의 폭 풍 의 언 덕

"아, 저 바람을 쐬게 해주세요. 황야를 건너 똑바로 불어오는 바람, 저 바람을 하다못해 한 번만이라도 마시게 해주세요. 저 언덕에 피어 있는 히스 속으로 뛰어들게 되면 나는 꼭 되살아날 거예요. 다시 한번 들창을 활짝 열어주세요."

"캐서린, 당신은 내가 당신을 죽였다고 했소. 그렇다면 유령이 되어 다시 내게 나타나주오. 살해당한 자는 반드시 죽인 자에게 유령이 되어 나타난다고 하지 않소."

—『폭풍의 언덕』에서

"옛날 옛적에 피시 통신이란 게 있었다"라고 하면 좀 유난을 떠는 것일까. 땡땡땡 쉭쉭 따르릉 하던 모뎀의 신호음에 이어 파란 화면 위에 흰 글자가 주르르 떠오르던, 기억도 아득한 옛날 이야기다. 그렇게 문자로 사람들과 만나고 얘기하던 시절, 강호에 즐비하던 이런저런 동호회에서 알게 된 선배가 있었다. 어느 날 인터넷에서 만나 "며칠 후 영국에 갈 거"라고 했더니 리즈Leeds에 꼭 들르라는 것이었다. 영국에선 어마어마하게 비싼 담배를 몇 보루 사오라는 부탁과 함께.

대략 런던 구경을 마치고 선배가 유학 중인 리즈에 가기로 했다. 런던 빅토리아 코치 버스터미널에서 버스를 타면 약 두 시간이 걸리는 곳이다. 차창 밖으로 펼쳐지는 영국의 풍경은 왠지 낯설었다. 이상한 느낌이었다. 우리나라와 뭔가 다르다는 느낌이 가시지 않았는데 알고 보니 산이 없었다. 높고 낮은 산이 없이 끝없이 들판과 구릉이 이어졌다. 그제야 우리 화가들의 야외 풍경화완 달리 산이라곤 찾아볼 수 없던 컨스터블의 풍경화 화집이 생각났다.

리즈에 도착하니 흐리던 하늘이 개고 밝은 햇살이 쏟아졌다. 터미널 대합실에 앉아 실제로 만난 적도 없고 심지어 진짜 이름도 모르는 사람을 기다리자니 조금 긴장이 되었다. 어긋나면 그냥 호텔에서 자고 바로 폭풍의 언덕이 있는 호어스로 가자고 마음을 먹고 있는데 누군가 한국말로 "박수인 씨죠?"라고 물었다. 안경을 끼고 체격이 그럴듯한 사람이 내 옆에 서 있었다. 그는 배짱 좋게 면허도 없이 고물차를 몰았다. 걸리면 유학이고 나발이고 한국으로 쫓겨가야 하는데도. 내가 그의 진짜 이름을 몰랐던 데도 이유가 있다. 한때 세상을 떠들썩하게 했던 좌파 조직에 몸담고 있었던 그가 몇 개의 가명을 쓰고 있었기 때문이었다.

리즈는 영국에서 다섯손가락 안에 드는 대도시라고 하지만 한국에 비하

존 컨스터블, 「데드햄 베일의 아침」, 1811, 캔버스에 유채, 78.8×129.5cm, 리처드 프로비 컬렉션

면 시골 소도시 같은 느낌을 풍긴다. 집에서 나와 조금만 걸어도 바로 풀밭과 나무가 어우러진 자연의 품에 안길 수 있기 때문이다. 영국인들은 정말 이상한 사람들이다. 런던만 해도 사람들이 사는 집은 대략 허름하다. 하지만 실제로 집 안에 들어가보면 바깥에서 보던 것과는 영판 다르다. 이 사람들은 옛것을 좋아하는지라 집의 외관을 현대적으로 뜯어고치면 외려 집값이 뚝 떨어져버린다고 한다. 그래서 그 낡아빠진 왕실을 여전히 허락하는 모양이다. 영국에서 왕실은 애당초 전혀 인기가 없었다고 한다. 나폴레옹이 패전한 후 국민적인 관심사를 끌어 모은 것은 넬슨과 웰링턴 같은 무장의 장례식이었으며 왕실에 대한 이런저런 거품 인기는 황색언론의 발명품이라는 것이다. 왕실이 인기를 얻은 것은 그들이 피 흘리지 않고 점잖

게 권력을 내놓은 덕분이고, 왕실에 대한 영국인들의 자부심은 양차 세계 대전 이후 급격히 쇠락한 국력에 대한 보상심리에 불과했다.

한국에서 손님이 왔다고 하니 근처에 사는 또다른 한국인이 찾아왔고, 우리 셋은 지난 이야기와 현재 벌어지고 있는 것들에 대한 이야기를 나누었다. 그들 자신과 친구와 선배, 후배들 이야기. 선배와 마찬가지로 유학중이던 이는 그렇게 치열하게 싸웠던 후배들—지금은 국회의원이 되었다는데—이 구소련에만 갔다오면 완전히 변하더라고 말하며 웃었다. 교과서의 이상은 척박한 현실에 아름답게 둥지를 틀지 못했고 그걸 확인한 사람들은 마음을 고쳐먹었다. 그런 사람들이 늘어감에 발맞춰 세상은 변해버렸고, 변한 세상은 거꾸로 사람들을 변하게 했다. 어느 게 먼저인지는 모르겠다. 수천 년 전, 그리스 철학자는 같은 강물에 두 번 발을 담글 수는 없다고 말했다. 그걸 누가 모르랴. 그걸 누가 모르겠는가…….

다음날 연수차 영국에 온, 서울 사는 공무원 부부가 운전하는 차를 타고 영국 북부 해안 휘트비로 출발했다. 내가 굳이 폭풍의 언덕에 가겠다고 고집을 피우자 선배를 비롯한 주위의 반응은 "거기 뭐 볼 거 있다고!"였다. 거길 꼭 가겠다는 사람과 거기보다 다른 데가 더 좋다는 사람들이 옥신각신하다가 절충안이 나왔다. 휘트비로 가되 워더링 하이츠 근처의 광활한 히스 들판을 거쳐 가자는 것이었다. 그 자리에 있던 사람들은 이구동성으로 거기가 훨씬 더 폭풍의 언덕답다고 맞장구를 쳤다. 게다가 휘트비 근처엔 사이먼과 가펑클의 노래로 어린 우리들의 심금을 울렸던 스카브로 Scarbrough가 있으니 금상첨화라나 뭐라나. 세상에 여행 코스가 이렇게 강제로 바뀌기도 하는구나 싶었지만 에라 모르겠다. 어쩔 수 없었다.

남동생 브랜웰이 그린 에밀리 브론테의 초상. 1833년의 그림이니 열다섯 살 때의 모습이다.

『폭풍의 언덕』은 나이 서른에 폐병으로 요절한 에밀리 브론테가 죽기 1년 전에 발표한 유일한 소설이다. 황량한 들판 위의 외딴 저택 워더링 하이츠를 무대로 벌어지는 캐서린과 히스클리프의 비극적인 사랑과 처절한 복수를 그린 이 작품은 발표 당시 그 음산한 힘과 등장인물들이 드러내는 야만성 때문에 비도덕적이라는 비난을 받았다. 하긴 윤리적 정직, 성적 자제, 종교적 정통, 근면이 삶의 격률이었던 빅토리아 시대엔 당연한 반응이었을 것이다. 『폭풍의 언덕』에 대해서는 『제인 에어』의 작가인 언니 샬럿도 비판적이었다. "이 작품은 시종 시골스럽다. 황무하고 거칠며 마디를 맺는 것이 마치 히스 뿌리 같다"는 게 샬럿의 평이었다. 자유와 구속, 사랑과 고통이 맞닿아 전개되는 이 소설은 모든 대립관계를 특정한 지리적 구역과 공동체, 그리고 유별나게 깔끔한 세습 귀족의 틀 안에서 설정하였다. 러다이트Luddite라고 알려진, 기계의 위협에 내몰린 노동자들의 투쟁이 영국 북부를 휩쓰는 동안, 이런 세상사에서 완전히 동떨어진 호어스에서는 인물들의 고립을 바탕으로 시정詩情 어린 비극이 태어났다.

　브론테 자매의 아버지인 패트릭은 호어스의 교구사제로 부임해 그곳에서 삶을 마감했다. 어머니가 일찍 죽은 후 자매들은 주로 집 안에서 책을 읽고 글을 쓰며 지냈다. 특히 『제인 에어』를 쓴 언니 샬럿과 에밀리는 서로 낭만적인 이야기를 써서 들려주거나 기발한 놀이를 생각해내며 집 안이나 황량한 황무지에서 놀곤 했다. 나이 들어 에밀리는 언니를 따라 도회지로 떠나보기도 했지만 고향에 대한 그리움을 이기지 못해 석 달 만에 돌아오고 말았다. 그녀는 정말로 이곳 호어스를 좋아했던 것 같다. 하지만 에밀리의 개인사에 대해서는 거의 알려진 것이 없다. 말이 없고 내성적이었으며 타인과 편지왕래조차 없었기 때문이다. 그녀가 남긴 단 한 편의 소설 『폭풍의 언덕』은 발표된 지 백 년이 지나 비로소 가치를 온전히 인정받게 된다. 『폭풍의 언덕』을 세계 10대 소설로 꼽는 서머싯 몸은 다음과 같이 말한다.

　『폭풍의 언덕』은 다른 어떤 저작과도 비교되지 않는다. 만약 비교하기로 하자면 엘 그레코의 그림이 있을 뿐이다. 먹장구름이 두껍게 하늘을 뒤덮고 있는 음산하고 황량한 풍경 속에서 키 크고 수척한 사람들 몇이 너나 할 것 없이 자세를 구부리고 으스스한 느낌에 사로잡혀 숨 죽이고 있는 그림, 하늘을 가로지르는 한 줄기 번개가 풍경에 이상야릇하고 으스스한 느낌을 던져주는 그런 그림이 이에 필적할 뿐이다.

이 소설은 온통 바람이 지배한다. 창틀을 세차게 몰아 때리는 바람, 전나무와 가시나무 덤불을 몸살 앓게 하는 바람, 야만적인 열정을 불러일으키는 바람. 사람들은 이 무서운 바람과 폭풍우 속에서 요동치는 가운데 고요히 자유를 갈망한다. 하지만 그 자유는 오직 죽음으로써만 가능한 것이었다. 히스클리프와 캐시는 유령이 되어 들판을 바람처럼 떠돌아다닌다. 히스의 들판에 서서 『폭풍의 언덕』을 떠올리니 호어스에 대한 에밀리 브론테의 절절하고 곡진한 집착이 마음에 와닿는다.

리즈에서 휘트비로 가는 길, 차창 밖으로 몇 킬로미터에 걸쳐 히스 벌판이 펼쳐졌다. 우리는 차에서 내리지 않을 수 없었다. 붉은 기운이 감도는 히스 무더기 위로 구름이 묵직하게 걸쳐 있었다. 저 들판 어디에선가 히스클리프와 캐시의 영혼이 방황하고 있지 않을까, 생각 중인데 멀쩡하던 하늘에서 빗방울이 떨어지기 시작했다. 빗방울과 함께 몸을 날려버릴 듯한 세찬 바람이 불고 내리누르듯 먹구름이 파도처럼 밀려왔다. 그러다가 구름 사이로 칼날 같은 햇빛이 내비치더니 하늘이 밝아지기 시작한다. 하지만 다시 구름과 바람과 비…….

이곳이다. 학교 도서관 구석에서 벽에 등을 기대고 처음 몇 대목을 읽으며 바로 빠져들었던 소설 『폭풍의 언덕』이 태어난 곳, 혼돈과 예측 불가능, 비이성적 열정이 꿈틀거리는 곳. 히스클리프는 캐시가 자신을 모욕

이 들판을 한번 지나가본 이라면 변화무쌍한 날씨와 어둑신하고 음산한 분위기를 결코 잊을 수 없을 것이다. 들판에 감도는 붉은빛은 무리지어 핀 히스이다.

하고 신사계급의 부유한 에드거 린튼과 결혼하자 악마처럼 울부짖는다. "그 자질구레한 사내가 전력을 다해 80년 동안 널 사랑한다고 해도 나의 단 하루 동안의 사랑에도 미치지 못한다!" 이 한마디가 아직도 귀에 쟁쟁하다.

  광기와 애증이 격렬하게 요동치는 미친 짓, 저 고전주의자 괴테마저도 투쟁하지 않고서는 얻을 수 없다고 한 불가해한 이것, 이것에 사로잡혀 미쳐보지 않은 자에게 화 있을진저. 이에 비하면 한때 유행했던 '쿨'한 사랑이란 젖먹이 어린애들의 소꿉놀이에 불과하다.

  어떻게 이런 황량한 곳에서 『폭풍의 언덕』이나 『제인 에어』 같은 보석 같은 작품이 나올 수 있었을까? 브론테 자매가 살았던 빅토리아 시대는

에밀리 브론테는 『폭풍의 언덕』 단 한 권만을 남기고, 소설이 출간된 이듬해 고통스럽게 숨을 거두었다. 에밀리는 잠시 고향을 떠나기도 했지만 그때마다 호어스의 황야를 그리워한 나머지 곧장 '히스의 들판'으로 돌아오곤 했다.

상충하는 이론이 서로 경쟁하는 모순의 시대였다. 전통적인 해결책의 무익함이 폭로되었고, 일부일처제와 가정의 미덕이 강조되는 한편으로 도덕적 일탈이 노골적으로 만연했다. 가정생활에 깃든 은총이라는 관념은 이 시대에 이르러 한갓 굴레로밖에 여겨지지 않았다. 교훈적이고 도덕적이었던 당대의 풍토에서 에밀리 브론테는 열정에 사로잡힌 살아 있는 인간이 만들어내는 음울한 드라마를 창조했다. 도덕과 비도덕, 선과 악이 명쾌하게 나뉘는 게 아니라 이 둘이 한데 어울려 요크셔의 황무지에서 몸부림치는 실존의 세계를 강렬한 필치로 그려낸 것이다.

세 자매의 운명은 불운하기 짝이 없었다. 황무지에서의 가난, 외로움, 우울한 삶은 어느 날 치명적인 폐렴으로 변신해 세 자매를 덮쳤다. 고집 센 에밀리, 유순한 막내 앤이 차례로 죽어갔다. 에밀리는 죽기 전에 "주여, 제게 약간의 편안함만이라도 나누어주소서. 너무나 두렵지만 그래도 겪을 수밖에 없는 이 시련을 통과할 수 있도록 저를 지켜주소서"라는 말을 남겼고, 동생의 머리맡을 지키던 샬럿은 "제발 사랑하는 동생을 살려주세요. 그녀를 제게서 데려가지 마세요" 하고 하소연했지만 죽음의 신은 사정을 봐주지 않았다. 언니 샬럿은 동생들의 최후를 이렇게 술회한다. "그들은 하나둘씩 내 품안에서 잠들었다. 나는 그들의 빛나던 두 눈을 감겨주었다." 두 동생이 죽고 샬럿은 아버지의 부목사였던 사람과 결혼해 짧은 행복을 맛보기도 하지만 그녀 역시 결국 폐렴의 공격을 견뎌내지 못하고 죽는다.

히스는 꽃이라고 하기에는 볼품이 없지만, 영국인들은 꽃삽으로 히스를 떠서 자기네 집 정원에 심는다고 한다. 저 들판에 만발한 히스는 아름답다고 할 순 없지만 아주 독특한 매력과 인상을 남긴다. 황량함, 그것을 더욱 강조하는 붉은 히스, 낮게 드리운 먹구름, 맹렬한 바람과 빗방울, 그곳 어디선가 캐시와 히스클리프의 유령이 방황하고 있으리라. 영국 북부 해안 휘트비로 향하는 승용차의 뒤창으로 나는 자꾸만 그 황량한 히스의 들판을 돌아보았다.

야생의 숲과
붉은 등이 걸린 거리에서
:: 호게 벨루베와 암스테르담

도리스와 그레이스가 싸준 점심을 막 먹었다.

캐나다에서 공부하는 홍콩 아가씨 도리스는 중국 억양이 강한 영어(칭글리시라고 한다나)로 말하고 푼수같이 큰소리로 웃고 사내같이 걷는다. 착하고 천진한 눈을 가졌다. 그레이스는 호남湖南 출신이다. 호남 출신이라니, 마오(마오쩌둥)의 고향이 아니냐고 했더니 놀란다. 어떻게 그걸 아느냐는 표정이다. 내 고향도 호남이라고 했더니(마오의 고향과 한자도 같다) 신기해한다. 〈와호장룡〉에 나오는 장쯔이처럼 귀엽고 당찬 느낌을 주는 여자다.

나는 호게 벨루베De Hoge Veluwe로 가는 버스정류장에서 차를 기다리던 중이었다. 아넴Arnhem이라는, 암스테르담에서 동쪽으로 한 시간가량 떨어진 이 도시엔 국립공원인 호게 벨루베가 있고 그 안엔 크뢸러 뮐러 미술관Kröller Müller Museum이 있다. 차는 좀처럼 오지 않았다. 혹시 다른 곳에서 차

를 타야 하는 게 아닐까 내심 불안해하며 서성거리고 있는데, 동양인 여자 둘이 버스정류장 표지판 앞에서 중국말로 수군거리고 있었다. 다가가서 차이니스? 하고 물었더니 반색을 한다. 같은 동양인이고 아넴으로 여행하는 중국인이나 한국인은 거의 없기 때문에 아마 더 반가웠나보다.

  가이드 북 『론리 플래닛』에는 호게 벨루베가 무려 500헥타르가 넘는 야생의 숲을 자랑하는 네덜란드 국립공원이라고 씌어 있다. 차창 너머로 잉글랜드 북부 폭풍의 언덕 주변에 때맞춰 만발해 있던 자주색 히스꽃이 군데군데 무더기로 피어 있고, 황량하다 해도 지나치지 않을 야생 그대로의 숲이 끝 간 데 없이 펼쳐진다. 운전사가 갑자기 탄성을 지르더니 차를 세운다. 사고라도 났을까, 궁금해하는 승객들에게 그는 차창 오른편을 가리키며 차를 후진시켰다. 어린 노루 한 마리가 깡충깡충 뛰고 있었다. 그는 천진하게 뛰어노는 저 어린것을 여행자들에게 보여주고 싶었던 것이다. 모두들 입가에 미소를 머금고 서로 바라보며 고개를 끄덕였다.

차는 크뢸러 뮐러 미술관 앞에 멈추었다. 크뢸러 뮐러라는 이름이 붙은 것은 이 국립미술관이 크뢸러 뮐러 부인이 기증한 200점이 넘는 반 고흐의 그림을 근간으로 설립되었기 때문이다. 여기저기에 미술관을 소개하는 영화가 티비를 통해 상영되고 있었고, 비가 막 그친 숲은 청신하고 맑은 기운으로 가득 차 절로 탄성이 나왔다. 하루에 차가 네댓 번만 왕복할 정도로 외딴 곳이어서 관람객이 그리 많지 않았지만 반 고흐와 몬드리안의 그림이 많고 피카소, 모네, 마네, 코로, 르누아르, 앙소르, 쇠라 등의 작품을 소장하고 있는 중요한 미술관이다.

내가 크뢸러 뮐러를 굳이 찾아가고 싶었던 것은 러시아 조각가 오십 자트킨의 고흐 형제의 조각이 생각나서였다. 화가와 그 후원자, 형과 아우, 운명이랄 수밖에 없는 삶과 죽음으로 얽힌 두 사람이 어깨를 끌어안고 서 있는 그 유례를 찾아보기 힘든 조각을 보고 싶었던 것이다. 하지만 아무리 찾아도 조각은 도대체 찾을 수가 없었다. 미술관 직원들도 자트킨의 작품이 어딘가 있긴 하지만 어디 있는지는 모르겠다고 말할 뿐이었다. 나중에 확인해보니 찾을 수 없는 게 당연했다. 그 조각은 고흐의 아버지가 목사로 있던 춘데르트의 교회 앞에 있으니까. 그런데 왜 크뢸러 뮐러라고 생각했

을까? 머릿속의 기억 회로는 간혹 이렇게 헝클어져버린다. 만약 자트킨의 조각이 춘데르트에 있음을 알았다면 네덜란드에서의 일정을 연장해서라도 거기에 갔을 텐데.

아넴의 네덜란드인들은 이상할 정도로 우리를 유심히 바라보았다. 아마도 동양인들이 여기까진 잘 오지 않는 모양이다. 우리는 비스킷과 사과 두 알을 사이좋게 나눠 먹고 시시한 농담을 하며 킬킬거렸다. 크뢸러 뮐러에 걸린 몬드리안의 그림은 우리네 조각보와 흡사했다. 그는 강박적이리만큼 엄격한 수직선과 수평선이 교차하는 구성을 선호했다. 몬드리안에게 수직선과 수평선은 고결함과 순수함의 상징이었다. 제1차 세계대전의 참상에 절망한 그는 이원적인 요소의 완전한 조화와 평등을 꿈꾸었고, 그런 자신

크륄러 뮐러 미술관엔 조각공원이 딸려 있다. 방금 내린 비로 씻긴 상쾌한 뜰엔 다채로운 현대 조각작품들이 자리를 잡고 있다.

의 믿음을 화면에 구현했다. 데 스틸De Stijl 그룹에서 테오 반 되스버그Theo van Doesburg가 사선을 통해 화면에 역동성을 부여하자 몬드리안이 격노해 그룹을 뛰쳐나왔다는 일화는 어찌 보면 우스꽝스럽기도 하지만, 사실 두 예술가의 생활방식과 신념의 극단적 대립을 상징하는 사건이다.

엄격하고 냉정한 신교 가정에서 태어나 자랐고, 신지학을 적극적으로 받아들인 정신주의자 몬드리안. 마음을 흩뜨리는 자연의 외적 형태를 극단적으로 혐오했기에 잎을 떨구고 가지를 쳐서 최종적으로 남은 그의 그림 형상에서 원래의 나무를 유추해내기는 불가능하다. 아무튼 나는 한 점의 그림, 한 소절의 노래, 한 편의 시보다 그것을 낳은 인간과 그를 둘러싼 온갖 세상잡사가 훨씬 더 흥미롭다.

미술관 한구석에서 몬드리안과 렘브란트, 그리고 반 고흐의 꼬마 후예들이 옹기종기 모여 앉아 그림을 그리고 있었다. 어느 꼬마 하나는 고흐의 〈감자 먹는 사람들〉을 패러디하고 있었다. 인물들의 머리를 모두 오려내고 거기에 엄마, 아빠, 동생, 누나 등 식구들 얼굴을 갖다붙였다. 그걸 본 사람들은 누구라 할 것 없이 유쾌하게 웃었다.

다시 아넴으로 돌아가는 차를 기다리는 동안 도리스와 그레이스는 자전거를 빌려 타고 숲을 누볐고 나는 엽서 한 장을 썼다. 한참 만에 돌아온 둘은 '베리 뷰티풀, 그레이트'를 연발한다. 왜 자기들과 같이 가지 않았느냐고, 후회할 거라고 마구 호들갑을 떨었지만 어쩌겠는가, 나는 자전거를 못 탄다!

암스테르담으로 돌아가는 기차에 마주 앉은 우리는 형편없는 영어와 필담으로도 충분히 즐거울 수 있었다. 한국인들처럼 부유한 중국인들 역시 자식을 밴쿠버로, 토론토로 보내고, 부모 잘 만난 자식들은 아무 걱정 없이 인생을 즐긴다며 도리스는 터무니없다는 표정으로 투덜거린다. 너도 부자니 하고 물었더니, 자신은 가난하고 그레이스가 부잣집 딸내미란다. 차림새하며 티 없이 말간 피부에 제멋대로인 것이 아마도 그런 것 같다. 말년의 마오는 죽기 전에 반혁명에 대한 불안으로 안절부절못했다지. 그가 예견했던 것, 그가 불안해했던 상황이 바로 이런 것일까?

암스테르담 중앙역에 도착하니 이미 해가 기울었다. 우리는 값싸고 맛있는 중국음식을 먹자고 돌아다녔지만 그런 집은 없었다. 세상에 흔한 거짓말이 '싸고 좋은 물건'이다. 우리는 결국 비싸고 맛있고 푸짐한 음식점에 들어가 배가 터지게(주인이 같은 중국인이라고 특별 서비스를 했다) 먹고도 음식이 남아 도리스는 남은 음식으로 도시락을 싸주었다. 다음날 우리는 이메일과 전화번호를 교환하고 나는 베를린으로, 그들은 헤이그로 떠났다. 혹시 한국이나 홍콩에 오면 서로 꼭 연락하자고 약속했지만 알다시피 여행은 꿈이고 꿈은 깨기 마련이다.

 암스테르담은 아름답다. 이 도시의 풍성한 물은 이곳의 경제적, 정신적 여유를 내비치는 거울처럼 느껴진다. 터무니없다고 생각할 수도 있지만 저수지가 말라붙은 마을과 저수지의 물이 가득 차 찰랑거리는 마을이 풍기는 느낌은 판이하게 다르다. 밤이면 도시의 가로등은 낭만적으로 빛나고 운하에 반사되는 불빛은 아름답다. 가로등의 마술이다. 잔인한 햇살 아래 낭만 따윈 존재할 수 없다. 가로등 불빛은 사물을 비추면서 감추고, 감추면서 보여준다. 파스텔 색감처럼 번지는 불빛은 현실의 날카로운 윤곽선을 무너뜨리고 발치의 어둠조차 누추한 삶을 판타지로 장식하는 데 교묘하게 이용한다.
 이곳은 수백 년 된 고풍스러운 건축물과 위대한 예술가들의 흔적, 깨끗하고 정갈한 주택단지들이 인상적이고, 온갖 인종들로 흥청거리는 담 광장은 늘 뭔가 신나는 일이 벌어질 것 같은 느낌을 준다. 이곳의 대기엔 'merry'라는 이름의 분자가 떠다니는 듯하다. 또한 암스테르담은 거대한 환락가다. 족히 수백 년은 되었음직한 고딕풍의 아름다운 건축물, 모월 모일 몇 시에 유명한 바흐 스페셜리스트인 구스타프 레온하르트(!)가 연주한다는 안내문이 붙어 있는 교회의 몇 발 앞에서 벌거벗은 여자들이 몸을 팔고 있다. 이곳보다 박물관이 많은 도시가 또 있을까? 유감스럽게도 모

가로등이 불을 밝힌 거리 여기저기엔 홍등(붉은 네온사인)이 내걸려 있다. 이 다리에 서서 운하와 운하를 타고 흘러가는 배와 자극적인 불빛 아래 오가는 사람들을 바라보고 있노라면 어지럽다.

두 섹스, 포르노 박물관이다. 섹스 쇼와 포르노 영화 광고가 현란하게 번쩍거리는 거리의 한복판, 예쁜 다리 난간에 몸을 기댄 채, 오가는 보트와 불빛과 들뜨기 쉬운 야경을 앞에 두고 아름답다고 해야 할지 어떨지 헷갈린다. 현기증이 난다.

 쇼윈도에 진열된 '육체'라는 상품을 보고 어떤 느낌이 들었냐고? 아무런 느낌도 없었다. 그녀들은 자연스러워 보였고 자신이 파는 육체에 대한 어떤 자의식도 갖고 있지 않은 듯했다. 마르크스의 무덤에 섰을 때도 무려 3파운드나 주고 들어간 그곳에서 별 느낌이 없어서, 기쁨도 경이로움도 감격도 슬픔도 아무런 감정도 생기지 않아서 그런 나 자신이 실망스러웠다. 그 여자들을 보고도 나는 아무 느낌도 들지 않았다. 우리는 정말로 감정의 인플레이션 시대에 살고 있다. '그 정도로는' 아무런 느낌도 들지 않는다. 티비만 해도 거의 벗은 거나 다름없는 여자들이 노래하고 춤추는 걸 매일 볼 수 있고, 인터넷엔 죽을 때까지 매일 봐도 다 못 본다고 할 정도로 넘치는 게 포르노다. CNN은 피가 튀고 살이 찢기는 끔찍한 전쟁을 한바탕 불꽃놀이로, 볼 만한 스펙터클로 '변환'시켜 전 세계로 서비스한다. 이런 시대에 대체 무엇이 우리의 두꺼운 피부를 뚫고 심장을 파고들어 깜짝 놀라게 할 수 있단 말인가. 홍등가 한가운데에 있는, 어느 기독교인이 운영한다는 유스호스텔로 돌아가는 발걸음은 어지러웠다. 내일은 밤기차를 타고 베를린으로 간다. 케테 콜비츠를 만나러.

선한 사마리아 여인
:: 베를린의 케테 콜비츠

1991년 군에서 갓 제대한 나는 할 일이 없었다. 누구도 나를 필요로 하지 않았고 그렇기에 어디에도 소속될 수 없어 황망하던 시절, 나는 왕복 두 시간이 넘는 거리를 매일 걸어 시립도서관에서 밤늦도록 책을 읽었다. 몇 시간씩 걸은 이유는 차비가 없었기 때문이고 늦도록 책만 읽은 건 달리 할 일이 없었기 때문이었다. 목 놓아 울며 짝을 찾는 매미 울음소리가 소나기처럼 쏴아쏴아 쏟아지는 길고 적막한 여름 오후, 젊은 실업자는 도서관 벤치에 누워 막막한 앞날을 궁금해하곤 했다. 내달리는 저 바람이 세월까지도 앞질러 가서 저 앞에 무엇이 기다리고 있는지 알려주었으면 했다. 그러던 어느 날 여느 때처럼 새 책을 찾아 열람실 서가 모퉁이를 돌아가던 나는 문득 낯선 이름과 그림을 발견했다. 막 도착한 책의 표지엔 손을 이마에 얹고 피로한 표정으로 정면을 응시하는 여인의 초상이 눈에 띄었다. 케테 콜비츠Käthe Kollwitz. 서가에 등을 기대고 몇 장을 읽

케테 콜비츠, 「자화상」, 44×59cm, 함부르크 미술관.
도서관에서 우연히 발견한 책의 표지에 실린 그림이다.

어내려갔다. 거기에 '인간'이 있었다. 그리고 '인간'뿐이었다. 가난한 사람들, 내몰린 사람들, 비통하게 흐느끼는 부모들, 그리고 자신의 존엄을 되찾기 위해 목숨을 걸고 투쟁하는 사람들이 거기 있었다.

 마지막 책장을 덮었을 때, 벅찬 감동과 슬픔으로 가슴이 마구 울렁거렸다. 집으로 돌아오는 길, 벚나무가 늘어선 가로를 걸어오는 내내 가냘픈 손으로 빈 그릇을 내미는 아이들의 커다란 눈망울(〈독일 어린이들의 굶주림〉)과 이 아이들을 품에 안고 눈을 부릅뜬 여인(〈씨앗들을 짓이기지 마라〉), 자식이 죽었다는 소식에 껴안고 흐느끼는 부모(전쟁 시리즈 중 〈부모〉)의 그림이 사라지지 않고 어른거렸다. 자신의 예술을 고통받는 사람들에게 바친 프롤레타리아 예술가. 나는 이런 화가에 대해 그때까지 전혀 아는 바가 없었다. 베를린의 어느 골목 모퉁이에 있다는 그녀의 미술관은, 언젠가 찾아야 할 내 젊은 날의 성지 목록의 맨 윗자리에 놓일 터였다.

 베를린에 도착한 것은 이른 아침, 암스테르담 중앙역에서 야간열차를

케테 콜비츠, 「독일 어린이들의 굶주림」, 석판, 1924

타고 밤새 달려 유서 깊은 독일의 수도에 도착했다. 여행을 떠나기 전 챙겨놓은 미술관 가이드북에도 베를린에 있다는 케테 콜비츠 미술관은 나와 있지 않았다. 궁리 끝에 괴테 연구소에 들러 전시를 보고 나서 직원에게 다가가 베를린 지도를 꺼내 보이며 "케테 콜비츠 뮤지엄!"이라고 한마디 했다. 그녀는 "아, 콜비츠"라고 하더니 지도에 표기된 미술관 자리에 커다랗게 동그라미를 쳐주는 것이었다. 나는 만족스러운 마음으로 괴테 연구소를 나와 베를린 한복판을 흐르는 강을 따라 천천히 걸었다. 하늘은 맑고 바람이 향기로웠다.

그날 오후, 브란덴부르크 문 근처에 있던 나는 천천히 몰려드는 사람들의 행렬에 호기심을 느껴 그들을 따라가보았다. 근처에서 집회가 있는 모양이었다. 마치 모든 베를린 시민들이 거리에 나온 듯했다. 크고작은 피켓과 플래카드를 든 젊은이들, 아이를 목말 태운 부부 등 남녀노소가 따로 없었다. 전쟁에 반대하는, 진지하고 엄숙한 표정의 행렬은 사뭇 감동적이었다. 지난 백 년간 끊일 새 없었던 역사의 소용돌이 한복판에 있었던 독일의 노동자들, 양심적인 지식인, 예술가들도 이 거리를 이렇게 행진해 나아갔으리라.

케테 콜비츠는 지금의 러시아령인 쾨니히스베르크에서 태어났다. 외할아버지는 자유신앙운동가였고, 아버지는 경찰국가인 프로이센의 공복 노릇을 거부해 법복을 벗고 미장일을 선택한 비범한 사람이었다. 이러한 환경에서 자란 십대 시절 그녀의 얼굴엔 이미 소녀에게 걸맞지 않은 삶에 대한 고요한 응시, 비극적인 기운이 어려 있다.

그녀는 고향을 떠나 베를린과 뮌헨의 여성예술학교에서 미술 공부를 했다. 젊음에 깊이 도취되었던 낭만적인 시절이었다. 플랑드르 화가 루벤스에 열광해 노트 한 귀퉁이에 루벤스, 루벤스라고 끼적이던 이 시기에도 콜비츠는 갑갑하고 옹졸한 소시민 생활보다 노동자계급의 삶에 훨씬 더 매력을 느꼈다.

인생에는 유쾌한 면도 있는데 왜 당신은 비참한 것만 그리는가, 라고 누군가 묻는다면 아마도 나는 정확한 답을 할 수 없을지도 모른다. 그러나 이것만은 강조해두고 싶다. 나는 처음부터 프롤레타리아의 생활을 동정하거나 공감했기 때문에 그들을 그린 것이 아니다. 오히려 나는 그들에게서 단순명쾌한 아름다움을 발견했다.

그녀는 천성적으로 슬라브적 기질을 타고난 사람이었다. 이는 러시아의 출중한 예술가들 중 이른바 '순수예술'의 기쁨에 대해 말하는 이가 거의 없다는 사실을 보면 알 수 있다. 그녀의 모든 그림에는 동시대 인간들의 고난이 에칭화의 칼침처럼 날카롭게 새겨져 있으며 공허한 형식미 따위는 찾아볼 수 없다.

그녀는 베를린에 정착해 바이센부르크 가 25번지(지금의 케테 콜비츠 가)에 살았다. 사회민주당원이었던 남편 카를은 노동자 주거지역에 무료진료소를 열었다. 피곤에 지친 노동자들은 갖은 질병을 안고 구걸하다시피 병원의 문을 두드렸으며, 때로 콜비츠는 자신의 방까지 내어주기도 했다. 보불전쟁에서 승리해 막대한 배상금을 손에 넣은 프로이센은 거대한 건축물과 기념비적인 조각, 전승탑을 세워 총칼의 힘을 과시했지만 사회적인 모순은 깊어만 갔다.

1893년 2월 자유무대에서 초연된 게르하르트 하우프트만의 〈직조공들〉은 엄청난 반향을 불러일으켰다. 1844년 슐레지엔의 삼베 노동자 봉기에서 소재를 취한 이 작품은 머지않아 밀어닥칠 혁명적 투쟁을 예고하는 나팔소리와도 같았다. 케테 콜비츠 역시 깊이 감동했다. 4년에 걸쳐 제작한 〈방직공 봉기〉 연작은 여기서 영감을 얻은 것으로, 예술가 케테 콜비츠를 세상에 알린 중요한 작품이다.

직조공 가족의 빈곤과 그들에게 다가오는 죽음의 그림자, 짓밟힌 운명을 깨뜨리기 위한 모의와 행진, 봉기와 패배를 묘사한 석판화와 동판화 시리즈는 날카롭고 사실적인 표현으로 커다란 충격을 던졌다. 이 작품은 베를린 미술대전에 출품되어 금상 수상이 확정되었지만 곧 '쓰레기 같은 그림'이라는 우파의 비난이 쏟아졌고 빌헬름 2세는 시상을 거부했다.

그래도 행복한 시절이었다. 〈방직공 봉기〉 한 작품으로 그녀는 단박에 유명인사가 되었다. 자신이 공부했던 베를린 여성예술학교의 교수직을 얻었으며, 두 아이 한스와 페터는 무럭무럭 자랐다. 두 번에 걸쳐 파리 여행을 했으며 빌라나 로마 상을 받아 로마와 피렌체에 장기간 체류하기도 했다. 파리에서 조각가 로댕을 만난 것도 이 시기였다. 그리고 기념비적인 대작 〈농민전쟁〉 연작을 완성한다.

16세기 중반의 독일 농민전쟁은 수만 명의 농민이 떼죽음을 당한 비극적인 사건이자 계급 전체가 혁명운동에 참여한 유례없이 처절한 싸움이었다. 일리야 레핀의 〈볼가 강의 배 끄는 인부들〉과 유사한 구도의 〈밭가는

케테 콜비츠, 「방직공들의 행진」, 부식동판, 22×30cm, 1893~97

사람〉에서 〈포로들〉에 이르기까지, 계급의 적에 대한 분노와 죽음을 두려워하지 않는 투쟁, 무서운 복수의 일념이 전편을 관통하는 이 작품을 통해 그녀는 비로소 자신의 작품이 목표를 갖게 되었다고 선언한다. "구원도 없고 상담도 변호도 받을 수 없는 사람들, 정말 도움을 필요로 하는 사람들을 위해 한 가닥 책임을 다하려 한다."

서른에서 마흔 살까지의 "행복한 나날"이 지나가고, 제1차 세계대전이 터진다. 겨우 열여덟에 불과한 아들 페터가 독일군에 자원입대하겠다고 나섰다. 생래적으로 까닭 없는 두려움과 악몽에 시달렸던 이 여인은, 마흔한 살이 되던 해부터 쓰기 시작한 일기에 이렇게 썼다. "다시 한번 이 어

아들을 그리워하는 케테 콜비츠. 두 차례에 걸친 세계대전은 그녀에게서 모든 것을 앗아가버렸다.

린것을 탯줄에서 잘라내는 기분이었다. 첫번째는 태어나기 위해서였지만 지금은 죽음을 향해 보내기 위해서다."

　페터의 죽음은 그녀의 삶에 커다란 상처를 남겼다. 그녀는 자신이 이제 늙기 시작하여 오직 죽을 날만 기다리게 되었다고 느꼈다. 하지만 다시 한 번 더 힘을 내야 했다. 반동적인 군사도당에게 살해당한 혁명가 카를 리프크네히트를 추모하는 판화의 제작을 계기로 콜비츠는 무려 17년간에 걸쳐 〈전몰 용사 기념비〉와 전쟁 목판화 연작을 제작한다. 이 작품들은 격정적인 몸짓으로 소름끼치는 전쟁의 참상과 슬픔을 날것으로 드러낸다. 흑과 백, 빛과 어둠의 강렬한 대조, 정제되지 않은 감정의 폭발은 살이 찢기는 고통을 견디는 어머니의 절규, 바로 그것이었다. 로맹 롤랑에게 보낸 편지를 통해 그녀는 이렇게 말한다. "이 그림은 마땅히 온 세계를 돌아다니며 이렇게 말해야 할 것입니다. 보시오, 우리 모두가 겪은 이 참담한 과거를."

그녀의 언니가 남긴 말처럼 죽음은 케테 콜비츠의 전 생애를 지배했다. 그녀의 그림엔 꽃도, 풍경도 찾아볼 수 없다. 오로지 인간, 그것도 슬퍼하는 인간뿐이다. 행복한 표정으로 웃는 사람의 얼굴은 그녀의 작품에서 거의 찾아볼 수 없다. 나는 베를린과 퀼른에 있는 케테 콜비츠 미술관에서 문득 사진작가 최민식 선생을 떠올렸다. 그 역시 평생 동안 힘없이 내몰린 가난한 사람들을 흑백사진에 담았다. 전쟁과 또 전쟁, 혁명과 봉기 그리고 파시즘이 마치 배턴터치를 하듯 이곳 독일과 한국에서 백 년 동안 이어졌다. 너무나 많은 사람들이 죽었다.

베를린에는 전쟁에서 죽어간 이들을 위한 위령관, 노이에바케가 있다. 고대 그리스 양식의 정면에 마치 판테온처럼 천정에 구멍이 뻥 뚫려 있는 아담한 건물이다. 맑은 날이면 천정으로 햇빛이 환하게 쏟아져내린다. 눈부신 햇살의 무리 아래엔 케테 콜비츠의 조각 한 점이 있다. 그곳엔 오직 그것뿐이다. 〈피에타〉. 죽은 예수를 안은 성모 마리아의 도상을 본뜬, 아니 본떴다고 하면 안 될 것 같다. 그녀는 1차대전으로 아들 페터를, 2차대전으로 손자 한스를 잃었다. 피에타 상은 케테 콜비츠에게 관념의 형상화가 아닌 그녀 자신의 이야기이고 자화상이다.

그녀의 1914년 10월 30일자 일기엔 단지 이렇게 씌어 있다. "당신의 아들이 전사했습니다." 두 달 후엔 이렇게 썼다. "페터야, 너 독일의 젊은이야. 애야, 사랑하는 사랑스런 내 아들아. 네가 그렇게 황급히 떠나간 것이 두 달이나 되었구나." 이듬해 봄엔 "나의 아가야. 봄이 왔다"라고 썼다. 그

리고 8월 15일엔 "오늘 나는 처음으로 그의 두상 작업에 들어갔다. 울면서"라고 씌어 있다. 울면서……. 죽은 아들과 자신의 형상을 깎고 다듬었을 그녀가 환영처럼 눈에 보였다. 울고, 망치와 끌을 들고 한참을 두들기다가 다시 울고. 가슴 한 편이 아리고 말할 수 없이 뭉클한 것이 치밀어 올라 가누기 힘들었다. 누군가는 피에타 상 앞에 꽃다발을 놓고 간다. 사람들은 팔짱을 끼거나 벽에 기대서서 망연히 피에타 상을 바라볼 뿐이다. 노이에바케엔 시종 무거운 침묵이 흐른다.

  사람들은 콜비츠의 그림을 좋아하지 않을 수 있고 그런 시각에 반대할 수도 있다. 그리고 많은 위대한 예술작품엔 사회 의식, 정치적 견해가 직접적으로 드러나지 않는다. 하지만 불운하게도 구석에 내몰린 사람들, 외로운 사람들, 금력이 지배하는 세상의 희생자에게 '당신의 헌신과 희생을 알고 있다고, 당신들의 의로움에 경의를 표한다고, 그런 당신들의 친구가 되고 싶다'고 고백하는 착한 사마리아 여인 같은 사람이 케테 콜비츠이다. 강도에게 죽도록 얻어맞고 쓰러진 사람을 안고 일으키는 마음 착한 여인 말이다. 얼마나 소중한 사람인가! 곰브리치의 『서양미술사』에도 최신판에야 겨우 한 자리를 차지한 그녀에게 돌아가야 마땅한 예술적 가치와 정당성은 무엇보다 그로 인해 위안을 얻고 자신들의 운명에 항거할 힘을 얻는

케테 콜비츠, 「피에타」. 「피에타」는 그녀 자신의 이야기이면서 전쟁의 참상에 절규하는 모든 어머니들의 초상이기도 하다. 조각상 앞 돌판에는 이렇게 쓰여 있다. "전쟁과 폭력의 희생자 모두에게……."

바로 그 사람들이 부여해줄 것이다.

베를린은 크고 현대적인 도시다. 도시 중심에 풍성한 강이 흐르고 고색창연한 오래된 건축물과 나무들이 많아 삭막한 느낌을 주지 않는다. 그러면서도 깨끗하고 질서가 잡혀 있다. 다리 난간의 철제 장식물, 분수대의 코린트 식 받침대, 도로의 벽돌 조각들, 철제 대문의 꽃모양 장식 등 이 도시 사람들의 세련된 미감과 섬세한 배려가 여기저기에 숨쉬고 있다. 친구 C가 유학중인 훔볼트 대학 본관 계단 위엔 마르크스의 유명한 포이에르바흐에 관한 테제가 새겨져 있었다. "지금까지 철학자들은 여러 가지 방법으로 세계를 해석해왔다. 하지만 중요한 것은 그것을 변화시키는 것이다." 세계의 변혁에 기여하지 못하는 공리공론에 대한 통렬한 비판은 그가 죽은 지 백 년이 지났고, 자본주의 체제가 역사에서 최종적인 승리를 거두었다고 득의양양해하는 오늘의 현실에도 여전히 유효하다.

건물 2층엔 이 대학에서 강의했던 에르빈 슈뢰딩거, 베르너 하이젠베르크 등의 초상이 죽 늘어서 있었다. 하이젠베르크의 『부분과 전체』를 읽고 얼마나 경탄했던가. 그런데 이 위대한 물리학자가 나치에 적극적으로 협력했다는 사실을 알고 또 얼마나 놀랐던가. 다른 학문도 그렇듯 과학 역시 진공의 공간에서 이루어지는 세상사에 초연한 학문이 결코 아니다. 그것은 종교도 마찬가지다. 정원에 있는 히틀러 저항운동에 가담했다 처형당한 사람들의 기념비엔 신학자이자 목사였던 디트리히 본회퍼의 이름도 있다. 스무 살 때 나는 그의 『옥중에서 쓴 편지』를 줄을 쳐가면서 읽고 또 읽었다. 베를린은 광장과 대로와 골목마다 정말 얼마나 곡절 깊은 역사가 새겨져 있는 도시인가. 제국주의의 야만과 두 차례에 걸친 전쟁, 혁명과 노동자 투쟁, 그리고 분단. 그렇게 세찬 역사의 파고에 휩쓸려 투쟁하거나 죽어갔던 사람들은 셀 수조차 없을 것이다. 이런 비극의 도시 한복판엔 전쟁 위령관이 있고, 거기에는 죽은 아이를 안고 슬퍼하는 케테 콜비츠의 피에타 상이 지난 역사를 애통해하고 있다. 어찌 '지난' 역사만을 애통해하겠는가. 여전히 인간들은 서로 죽이느라 여념이 없는데.

   우리가 잠겨버린 밀물로부터
   떠올라오게 될 너희들은

우리의 허약함을 이야기할 때
너희들이 겪지 않은
이 암울한 시대를 생각해다오.

신발보다도 더 자주 나라를 바꾸면서
불의만 있고 분노가 없을 때 절망하면서
계급의 전쟁을 뚫고 우리는 살아왔다.

아, 우리는
친절한 우애를 위한 터전을 마련하고자 애썼지만
우리 스스로 친절하지는 못했구나.

그러나 너희들은,
인간이 인간을 돕는
그런 세상을 맞거든
관용하는 마음으로
우리를 생각해다오.

— 베르톨트 브레히트, 「후손들에게」

인간,
아직 중간밖에 못 온 직립원인
:: 유대인 수용소 다하우와 홀로코스트

인간 : Human Being, 생물학적 현상이나 사회적 현상 또는 종교적·이성적·인격적인 것으로 이해되는 존재.

―『브리태니커 백과사전』

세상이 끝장나는 소리는 쾅! 하는 소리가 아니라 흐느끼는 소리다.

―T. S. 엘리엇

창조의 영역에서 인간은 신처럼 고귀해지기까지 한다. 자신도 알지 못하는 사이에 '중력의 법칙'을 거스르고 힘차게 날아오르는 것이다.

저 프로방스의 황무지에 홀로 남아 '나무를 심은 사람' 엘제아르 부피에. 땅에 씨앗 수만 개를 박아넣어도 고작 한두 개의 싹을 허락할 뿐인 저 주받은 땅에, 이 순박한 노인은 눈이 오나 비가 오나, 햇볕이 작열할 때나 사나운 바람이 능선과 계곡에 휘몰아칠 때도 등짐을 지고 묵묵히 나무를 심는다. 장 지오노는 열매를 바라지 않고 선의 씨앗을 뿌리는 사람, 천국이 있다면 그 주인일 아름다운 사람을 그렸다. 세상이 엉망진창인데도 아직 완전히 망해버리지 않은 이유는 바로 이런 이들 때문이겠지. 그리고 거꾸로 신은 이들을 통해 자신의 존재를 입증하는 것이겠지.

하지만 나는 지금 인간이 악마이기도 하다는 사실을 확인하러 가는 중이다. 뮌헨 시내에서 그리 멀지 않은 다하우Dachau는 나치의 강제 노동수용소가 있던 곳이다. 그러니 이곳으로 가는 교외선 기차에 몸을 실으면서도 선뜻 마음이 동하지 않았다. 나치가 2차대전에서 얼마나 많은 유대인을 죽였는지 정확히 알 수는 없다. 나치가 왜 유대인들을 그렇게 박해했는지 (몇 가지 냉철하고 객관적이며 사회학적이고 심리적인 이유를 들고 있지만) 나는 도저히 이해할 수 없다. 나치는 유대인들을 독일인의 피의 순수성을 훼손하는 열등인종으로 몰아붙였으나, 당시 독일 최고의 문화 예술인들은 대개 유대인들이었고 객관적으로 그들은 결코 열등한 존재가 아니었다. 모든 파국이 그렇듯 갑자기 들이닥친 1920년대 말의 경제적 재앙에 희생양이 필요했고, 나치의 교묘한 선전이 대중들을 사로잡았으며, 대중은 자주 맹목적인 우중이 되기도 한다 해도, 이 모든 그럴싸한 이유들에도 불구하고 나는 여전히 이해하지 못하겠다.

독일인들은 왜 그런 짓을 했을까? 베를린에서, 아헨에서, 밤베르크에서 나로서는 상상할 수도 없었던 선의와 친절을 보여주었던 사람들이 불과 몇십 년 전에 그런 악마 같은 짓을 했다니. 나치가 가스실을 '발명'한 이유는 어린아이와 여자들까지 총살해야 하는 병사들이 짊어질 스트레스,

그리고 총살 자체가 숱한 유대인들을 '처리'하기엔 너무 비효율적이라는 이유 때문이었다. 수백수천 년간 축적된 지적, 정신적, 기술적 역량을 자신을 파괴하는 데 쏟아붓는 종은 아마 인간뿐일 것이다. 인간이 인간을 조직적이고 과학적인 수단으로 절멸시켜버린 증거를 눈앞에 두고 망연자실하지 않을 수 없었다. 마음이 무겁게 가라앉았다. 사진조차 찍고 싶지 않았다. 생래적으로 끔찍하고 잔혹한 것을 싫어하는 나는 영화를 볼 때조차 그런 장면은 외면해버리곤 한다. 그런데 그런 짓거리를 했던 사람들은 악마가 아니었다. 보통사람들이었다. 그것도 괴테와 실러의 후예들이었다. 평범한 우리네 인간들 속에는 악마가 살고 있는지도 모른다. 내 안에도 있을(지도 모를) 그것들은 언제든 튀어나와 마성을 발휘할 기회를 엿보고 있는지도 모른다. 잔인한 나치들도 우아하게 고전음악을 즐기고, 키우던 고양이의 죽음에 눈물짓던 보통사람들이었다. 악은 이처럼 평범하고 예측할 수 없으며 인간의 심연 저 아래에 잠재되어 있다. 우리는 언제든 튀어나올지도 모를 이 악마들을 잘 주시하고 조심스럽게 다스려야 한다.

다하우에 하나 남은 수용소의 정문 출입구엔 "Arbeit macht frei(노동이 자유를 만든다)"라는 구호가 붙어 있다. 무슨 말일까? 죽음과 저주가 이토록 구체적으로 인간을 지배하는 곳에 자유라니. 요한복음 8장 32절의 "진리를 알지니 진리가 너희를 자유케 하리라"라는 예수의 말씀을 떠올리게 한다. 이런 나치 수용소에서 자유라니. 너무나 잔인하고 사악한 조롱이 아닌가.

나치는 다하우를 비롯한 바바리아 지방 곳곳에 수용소를 지어 20여만

다하우 수용소 정문. "노동이 너희를 자유케 하리라"고 쓰여 있다. 이 끔찍한 곳을 들어가는 관광객의 발걸음은 이곳을 나올 때면 천 배나 더 무거워진다.

나치의 수용소에서 살아남은 빅터 프랭클.
그의 부모와 아내는 가스실에서 숨졌다.

명을 수용했다(인근 크고작은 수용소들을 통칭 '다하우 수용소'라고 불렀다).

지금 남아 있는 수용소 건물은 딱 한 채뿐. 하지만 당시엔 플라타너스 늘어선 이 넓은 공터에 막사가 가득했다. 『죽음의 수용소에서』를 쓴 빅터 프랭클은 아우슈비츠에서 이곳 다하우로 옮겨졌을 때의 감격(!)을 잊지 못한다. 적어도 굴뚝(죽은 사람을 태워 없애는 화장터의 상징)은 없는 곳에 도착했다는 이유로. 하지만 프랭클이 옮겨진 수용소가 바로 이곳이었는지는 모르겠다. 여기엔 가스실과 시체를 태우는 소각로가 그대로 보존되어 있으니까.

이 수용소는 놀랍게도 포로들을 대상으로 생체실험을 행한 곳이었고 고문과 질병, 그리고 기아로 죽어간 포로들은 모두 3만 5000에 달한다고 한다. 페르 라셰즈Père Lachaise에서 본, 피골이 상접한 유대인들을 형상화한 조형물이 이곳에도 있었다. 이곳에서 상영되는 영화를 보면 그 조형물이 추상적인 상징물이 아닌 사실 자체의 기록물임을 알 수 있다. 실제로 그들은 그렇게 뼈만 남은 채로 죽어간 것이다. 죄수들은 서로의 몰골을 보고 정확히 누가 언제쯤 죽을지 가늠할 수 있었다.

이곳의 지난 역사를 '고백'하는 흑백영화가 상영되는 동안의 납덩이같이 무거운 침묵을 잊을 수 없다. 사람들은 심지어 숨쉬는 것조차 잊어버린 듯했다. 실재했던 가스실과 시체 소각로 따위를 보고 무슨 말을 할 수 있

다하우엔 이런 시체 소각로와 이와 마찬가지의 목적에 쓰였을 다양한 시설물들이 있다. 오 맙소사, 이런 것들을 만든 것도 우리와 하나 다를 것 없는 인간이다.

을까? 아무 말도 할 수 없다. 이 모든 것이 너무나 비현실적이어서 마치 할리우드 영화의 세트처럼 느껴졌다. 사진을 찍을 엄두도 나지 않았다. 고압 전기가 흐르는 철조망으로 둘러쳐진 수용소의 생활을 나 같은 이방인은 감상적으로 상상하기 쉽다. 하지만 그 안에서는 상상할 수조차 없이 엄혹한 생존 투쟁이 벌어지곤 했다.

여기서 살아남은 빅터 프랭클과 프리모 레비는 "러시아군이 수용소를 접수할 때까지 병으로 죽거나 (일을 할 수 없는 자로) 판단되어 가스실로 보내지지 않고 살아남은 사람들은 무언가 재주가 있는 사람들이었다"고 말한다. 생존 그 자체가 유일한 목적이었던 수용소에서의 격률은 "너 자신

폴란드 부코비나 출신의 유대인이자 독일어를 모어로 하여 시를 쓴 파울 첼란. 수용소에서의 충격적인 체험을 결코 잊을 수 없었다.

의 빵을 챙기고 또 가능하면 네 이웃의 빵도 차지하라"였다. 병자나 일을 할 수 없는 자들은 모조리 가스실로 보내졌기 때문에 포로들은 필사적으로 건강해 보이려고 애를 썼다. 유리조각이라도 있으면 면도를 해서 조금이라도 덜 초췌해 보이게 할 수 있었던 사람들은 살아남았다. 누구든 한 사람이 구원받으면 다른 한 사람의 희생자가 채워져야 한다는 사실을 너무나 잘 알고 있으면서도 자기 이름이나 친구의 이름을 명단에서 지우기 위해 아우성을 쳤다. 빅터 프랭클은 슬프게도 "천만다행히 돌아올 수 있었던 소수의 우리는 가장 훌륭한 사람들은 돌아올 수 없었다는 것을 잘 알고 있다"고 비통하게 술회한다.

살 자와 죽을 자가 '구별되는 것'은 아주 간단했다. 나치 친위대 장교가 일렬로 줄을 선 유대인 포로들의 외모를 보고 오른손 집게손가락으로 무심한 듯 느릿느릿 왼쪽 혹은 오른쪽을 가리키는 것이다. 왼쪽은 가스실, 오른쪽은 밖으로 내보내는 줄이었다. 수용소에 있었던 시인 파울 첼란Paul Celan의 운명 역시 다르지 않았다. 죽음의 가스실로 향하는 줄에 서 있던 첼

인간이 저지른 목불인견의 참상을 모조리 지켜보고 있었을 나무들. 안으로 안으로 울음을 삼켜 종내에는 눈물마저 모두 말라버리지 않았을까?

란은 잠깐 감시병이 한눈을 판 사이 재빨리 다른쪽 줄로 바꾸어 섰다. 인원 점검은 엄격했다. 가스실로 향하는 줄에서 한 명이 빈 것을 발견한 감시병은 밖으로 나가 팔려나갈 무리 중에 맨 앞 줄에 선 사내를 손짓해 불렀다. 그 운 나쁜 희생자는 첼란 대신 가스실에서 고통스럽게 죽어갔으리라. 첼란은 이렇게 살아남았지만 이 악몽에서 결코 자유로울 수 없었다. 그는 끊임없이 살아남은 것에 대한 죄의식과 추적망상에 시달렸고 결국 센 강에 몸을 던지고 말았다.

막사가 늘어서 있었던 빈터에 우뚝 선 나무들은 이 모든 것을 지켜보고 있었으리라. 저 나무들에게 네가 본 것을 들려달라고 하면 감정 없는 미물이라고 해도 허리를 꺾고 꺼이꺼이 통곡하고 말 것이다. 포로들은 나무를 보며 무엇을 생각했을까? 이 수용소에서는 유일하게 진정으로 '살아 있는' 푸르른 생명체를 보고 그들은 무엇을 느꼈을까? 한 떼의 독일 학생들이 교사의 설명을 들으며 생각에 잠겨 있다. 그들의 말을 알아들을 순 없지만 몇 걸음 떨어진 곳에서도 분위기는 쉽게 전염이 된다.

파리 페르 라셰즈 묘지에는 유럽 전역에서 수난을 당한 유대인 희생자들을 위한 기념비가 여럿 있다. 그중 하나가 특히 기억이 난다. 아우슈비츠로 향하는 기차가 질주해갔던 선로 두 조각이 왼쪽과 오른쪽에 놓여 있고 그 사이엔 가스실로 향하는 유대인들을 형상화한 발자국 모양이 찍혀 있다. 조형물 좌우에 씌어진 명문은 이렇다. "인간의 육체는 죽일 수 있지만 인간의 영혼마저 죽일 수는 없다." "그들은 고난을 겪었으니 그대들은 그대들의 자유를 위하여 투쟁하라."

이곳에선 매 시간 종탑에서 종이 울린다. 아헨 대성당에서 온 도시에 울려 퍼지던 상쾌한 종소리와는 사뭇 다른 무겁기만 한 종소리는 마음속을 헤집어놓는다. 이 무서운 지옥을 벗어난 사람들은 (프랭클에 따르면) 자유를 얻고도 전혀 기쁨을 느낄 수 없었다고 한다. 그들은 천천히 다시 기쁨을 느끼고 인간으로 돌아올 수 있기 위해 노력해야 했다. 인간은 정말로 견고한 실체가 아니라 진흙으로 빚은 인형 같은 존재일지도 모른다. 그러므로 자신의 온전한 형체를 유지하기 위해 끊임없이 노력해야 하는 존재, 애초의 형상을 자동적으로 복구할 수는 없는 불운한 존재 말이다.

잊어버리지 않고는 견디기 어려운 무서운 일이지만 그래도 잊어서는 안 되는 일이 있다고, 그 순간 비극은 되풀이된다고 이 기념물들은 경고한다.

 홀로코스트, 즉 '번제'란 구약성서의 용어로 '희생물을 통째로 태워올리는 제사'를 말한다. 그런데 왜 2차대전 당시 유대인들의 수난을 '홀로코스트'라고 부르는지 알 수 없는 노릇이다. 그래서 히브리어로 '가장 큰 재앙'이라는 뜻의 '쇼아Shoa'라고 부르기도 한다. 어느 한 민족을 조직적으로 완전히 말살하는 행위인 '제노사이드Genocide'는 유대인들에게만 해당되지 않는다. 유럽의 집시가 그랬고 서구인들이 신대륙을 정복한 이래 무려 7000만이 희생되었다고 하면 생각을 가다듬을 필요를 느낀다. 홀로코스트는 인류 역사상 유일무이한 일회적 사건일 수 없고 과거완료형 사건일 수도 없는 것이다. 이런 범죄 행위를 가능케 하는 사회적 조건들, 인간을 그저 멸절시켜야 할 낯선 타자로 대상화하는 비인간적 획일화 과정, 아무런 죄의식 없이 살인을 자행하도록 복종케 하는 사회심리적 과정, 이 모든 것을 정당화하고 가능케 하는 정치적 과정 등을 반성적으로 사유하지 않는 한 홀로코스트든 쇼아든 제노사이드든 되풀이되고야 말 것이다.

수용소 종탑을 따라 난 길을 걸어나오다 몸을 돌려 다시 지나온 길을 돌아보았다. 내내 보고 생각하고 또 생각했지만 그들이 왜 저런 짓을 했는지는 여전히 모르겠다. 마치 어두운 거울 속을 들여다본 느낌이었다. 언제고 다시 그렇게 보일 수 있는 인간 영혼의 거울. 등뒤 종탑에서 다시 종소리가 울린다. 뎅뎅뎅뎅…… 저 종소리는 대체 누구를 부르는 걸까? 그리고 누구를 위해 울리는 걸까?

평온한 삶에 깃든 고뇌와 슬픔
:: 성 토마스 교회의 요한 제바스티안 바흐

바흐의 음악은 이상하리만치 평온하고 고요한 충일감을 선사한다. 어떤 이는 그의 음악을 가리켜 "천지창조 이전에 신이 스스로와 나눈 대화"라고까지 말한다. 그렇다고 그의 삶이 마냥 순탄했던 것만은 결코 아니다. 그는 열 살에 부모를 잃었고 사랑했던 첫 아내와 숱한 아이들을 먼저 저세상으로 보냈으며 평생 더 나은 일자리(더 나은 보수)와 자신을 인정해줄 군주를 찾아 떠돌아다녀야 했다. 그렇다고 베토벤이나 모차르트처럼 갖가지 좌절과 고통으로 점철된 드라마틱한 삶을 살았던 것도 아니다. 그의 생애에서 겪었던 모든 격정과 헌신, 투쟁은 내면에서 벌어진 사건이었고 이를 통해 바흐는 모차르트에게서 느낄 수 없는 인간적, 내면적 깊이를 획득했던 것이다.

독일어로 바흐Bach는 시냇물이라는 뜻이다. 또한 유럽 일부 지역에서는 유랑악사라는 뜻으로 쓰이기도 한다고 한다. 하지만 음악사에서 바흐를 졸

겉으로 보기에 바흐의 생애는 굴곡없이 평온했다. 하지만 투명한 색채감과 명징한 아름다움으로 빛나는 선율에 미묘한 슬픔이 깃들어 있고, 이는 평생에 걸친 내적 투쟁과 고뇌의 산물일 것이다.

졸 흐르는 사랑스런 시냇물 정도로 인식하는 사람은 없을 것이다. 베토벤조차도 "샘물처럼 퍼올려도 퍼올려도 끝이 없이 솟아나는 무한한 풍성함 때문에 바흐는 시냇물이 아니라 바다라고 불러야 한다"고 말한다. 바흐는 거의 백 년에 걸쳐 여러 음악가들을 수없이 배출한 음악가 집안의 전통을 총결산한, 실로 음악사에 한 획을 그은 거장이었다. 어쨌거나 바흐라는 이름은 음악가 집안이라는 가계와 음악의 아버지로서 요한 제바스티안 바흐의 위업에 걸맞은 이중적 의미를 담고 있는 이름임이 틀림없다.

라이프치히는 구동독 지역이다. 독일 중부에 위치해 교통망이 발달했고 그래선지 대전쟁의 참화를 피해가지 못했다. 반면 괴테와 바그너가 공부했다는 유서 깊은 대학이 있고, 훌륭한 합창단과 오케스트라 그리고 도서관 등이 갖추어져 있는 자랑할 만한 문화도시이다. 도착하자마자 유스호스텔에 짐을 풀어놓고 니콜라이 교회를 찾았다. 과거의 명동성당처럼 동독 민주화운동의 산실이었던 이곳은 마침 예배가 거행되는 중이었다. 교회 내부는 간결하면서도 아름다웠다. 특히 아칸서스 잎을 이중으로 장식한 코린트 양식 기둥은 다른 예배당에서 볼 수 없는 독특한 것이었다. 예배당 뒤 기둥에 기대선 채로 알아들을 수 없는 목사의 설교를 들었다. 청중들은 독일인들답게 미동도 없이, 한마디 말도 없이 경건한 태도로 앉아 있었다. 예배가 거의 다 끝났을까. 아이들을 모두 제단 쪽으로 불러내 앉혔고, 그 앞으로 합창단이 나왔다. 독일인이 아니었고 아프리카계 사람들 같았다. 누군가 독일어로 인사말을 하더니 이윽고 소리 모아 노래를 불렀다. "우리 승리하리라, 우리 승리하리라." 나를 포함해 거기 있던 모든 사람들이 엄숙하게 그 노래를 함께 했다.

  전쟁과 테러로 날을 지새우는 이 세계에 평화가 임재하기를 간구하는 사람들을 뒤로하고 거리로 나오니 시위대와 마주쳤다. 한국에서 보았던 시위와는 사뭇 대조적이었다. 플래카드와 피켓을 들고, 또 어떤 이는 아이를 어깨에 올려 앉히거나 유모차를 밀며 대열을 이루었다. 고물 승용차 지붕에 얹은 커다란 스피커에선 밥 딜런의 노래가 흘러나오고 대여섯 명의 사람들이 차를 밀었다. 그렇게 천천히 라이프치히 시내를 도는 시위대에 섞여 토마스 교회에 다다랐다.

  바흐는 이 오래된 교회 제단 바로 아래에 누워 있다. 파이프 오르간에서는 바흐의 음악이 흘러나온다. 경건하다. 감히 카메라를 꺼낼 엄두조차 낼

수 없을 정도로. 사람들은 아주 조심스럽게 교회 내부와 바흐가 잠들어 있는 곳을 사진에 담았다.

바흐는 이 교회에서 무려 27년간이나 칸토어로서 합창단을 지휘했고, 예배 때마다 연주할 코랄과 칸타타를 작곡했다. 생애의 거의 절반을 헛되이 허비하다가 비로소 이곳에 자리를 잡고 놀라울 정도의 성실성과 치열함으로 예술적 영감을 갈고 닦았다. 바흐는 라이프치히에서 위대한 걸작들을 잇달아 발표했지만 그렇다고 평온하기만 했던 것은 아니었다. 그가 독일에서 음악적으로 가장 중요한 직위였던 성 토마스 교회 칸토어로 취임할 때의 기록엔 "최고의 음악가를 초빙해야겠지만 그럴 수 없었으므로 그보다는 못한 사람을 받아들일 수밖에 없다"고 씌어 있다. 당시 이 자리

라이프치히 성 토마스 교회. 바흐는 당시 독일에서 가장 중요한 지위였던 이 교회의 음악감독 및 오르가니스트를 지냈다.

를 거절했던 사람 중엔 텔레만도 있다고 한다. 텔레만은 함부르크로 떠났는데, 사실은 바흐 역시 함부르크로 가고 싶어했다. 함부르크 교회에는 훌륭한 오르간이 있었기 때문이다.

평생 동안 신의 영광을 위해 자신의 예술마저 거기에 종속시켰던 요한 제바스티안 바흐. 끊일 새 없는 번뇌와 그 가운데에서 멈추지 않고 엄청난 노력을 쏟아부은 대가로 그는 말년에 시력을 완전히 잃어버리고 말았다. 장님이 되었던 그가 죽음을 앞둔 침상에서 구술해 받아적게 한 곡은 〈코랄 전주곡〉의 개작인 '저는 당신의 보좌 앞에 섰습니다'였다.

바흐는 성 요하네 교회에 묻혔고 죽은 지 200년이 지나서야 성 토마스 교회로 옮겨질 수 있었다. 사망 당시엔 그의 위업에 걸맞은 평가를 받지 못했던 것이다. 교회 앞에는 바흐의 동상이 서 있다. 그가 묻혔던 성 요하네 교회를 개축할 때 묘지 부근에서 커다란 두개골이 발견되었다. 아마도 머리가 컸던 바흐가 아닐까 추정한 조각가 요한 제프너는 이 형상에 살을 붙여 두상을 만들었는데 생전의 바흐 초상화와 똑같았다고 한다.

교회 맞은편엔 바흐 기념관이 있다. 여기에서는 바흐의 생애를 담은 짧은 영화를 상영하고 바흐가 사용했던 악기 등의 유품을 진열하고 있다. 바로크 시대의 악기는 지금과 크게 다르다. 그래서 어떤 이들은 당시의 악기로 연주하는 원전악기 연주자들, 구스타프 레온하르트, 톤 코프만 같은 이들의 연주만을 바로크 음악으로 인정하기도 한다. 현악기는 물론이고 플루트 같은 관악기, 쳄발로 같은 건반악기들의 소리를 들어보면 오늘날 금속제 개량 악기보다 훨씬 깊고 풍부하며 인간적인 소리를 내는 듯하다.

안나 막달레나. 바흐는 첫 아내인 바르바라와 사별한 후에 안나 막달레나와 결혼했다. 그녀는 헌신적인 배우자였고 아름다운 필체로 바흐의 악보를 필사했다.

    바흐의 유산은 보잘것없었다. 얼마 되지 않은 돈과 악기들(그는 상당히 많은 악기를 모았다), 그리고 악보가 있을 뿐이었다. 이 유산들은 두 아들과 아내인 안나 막달레나가 나누어 상속했다. 교회 앞에 서 있는 바흐의 동상을 바라보며 홀로 남은 안나 막달레나를 생각했다. 바흐는 얼마 되지 않은 유산과 많은 자식들만을 남겼다. 안나 막달레나는 먹고살기 위해 자신이 직접 아름다운 필체로 옮겨 적었던 바흐가 남긴 악보를 팔아야만 했다. 이렇게 해서 수백 곡의 걸작이 사라져버렸다. 당대에 오히려 아들보다 못하다는 평가를 받았던 이 대가를 돕겠다는 독일인들의 손길은 인색하기 그지없었다. 베토벤조차 바흐의 딸을 돕기 위해 모인 돈이 너무나 적은 데 놀라 "이 바흐(시냇물)가 세상을 떠나 그 물을 마실 수 없게 되기 전에 일을 진행하기 위해 무엇을 어떻게 해야 할지 빨리 알려달라"고 말했을 정도이다.

크리스토퍼 파크닝이 연주하는 〈양떼는 한가로이 풀을 뜯고〉와 같은 소품을 처음 들었던 날의 평화로운 기억을 잊을 수 없다. 음표 하나하나, 한 소절 한 소절들이 온몸에 흘러들어 속된 것들, 번뇌로 찌든 병든 것들을 따사로이 품어 치유하는 느낌이었다. 마치 묵상에 빠졌을 때 극히 드물게 찾아오던 그 평화(기도의 응답)가 다시 찾아온 듯했다. 바흐의 음악은 그렇다. 그토록 평화롭고, 마치 르네상스 시대 움브리아 화파의 화가 페루지노의 그림과도 같은 청명함, 고상하게 빛나는 색채감 속에 해맑은 슬픔이 깃들어 있다. 삶이란 그런 것이다. 그리고 빛나는 햇살로도 완전히 지워버릴 수 없는 비극의 그림자는 바흐의 생애 전체에 걸쳐 지속된 것이었다. 죽음과 가난, 외로움이 바흐와 그의 아이들 그리고 안나 막달레나의 생애를 어른거렸으며 그토록 고통스러운 그들의 투쟁의 대가로 막대한 정신적 유산이 우리에게 남겨졌다. 어스름이 깔리는 저녁나절의 성 토마스 교회 광장에 앉아 나는 또 안나 막달레나와 같이 반평생을 외롭고 고단하게 살았을 내 어머니를 생각했다.

이토록 비통한 삶
:: 오베르 쉬르 우아즈의 빈센트 반 고흐

"여기가 어딘지 아시겠어요? 파리랍니다! 파리에 왔다구요!!"
파리에 도착한 날 나는 달랑 이렇게 쓴 엽서를 한국에 보냈다.

그 다음 날 아침 일찍 리옹 역으로 나갔다. 빈센트 반 고흐를 찾아서. 빈센트가 자살해버린 곳, 그가 마지막까지 자신을 구원하기 위해 안간힘을 썼던 오베르 쉬르 우아즈Auver-sur-Oise는 파리에서 기차로 한 시간 반 정도 거리에 있다. 리옹 역에서 퐁투아즈로 가는 기차를 타고 한 시간쯤 달리면 퐁투아즈에 닿고 여기에서 오베르로 가는 지선을 갈아타야 한다.

그날 아침 리옹 역 구내 자판기는 고장이었다. 뜨거운 커피 한잔이 무척이나 아쉬워 한참을 근처에서 어슬렁거렸는데, 삼십 분쯤 후에 아랍인으로 보이는 관리인이 나타났다. 그는 자판기를 청소하고 고장난 것을 고치기 위해 무진 애를 썼지만 여의치 않았다. 기다리는 내게 계속 미안한 표정으로 금방 끝난다고 했지만 기계는 요지부동이었다. 하지만 출발시간은 다가왔고 잠깐 안면을 익혔던 일본인 부부는 빨리 오라고 손짓을 하고 있다. 그냥 포기하고 막 떠나려는 순간, 기계가 말썽을 멈추었고 그윽한 향기를 내뿜으며 커피 한잔이 달칵 튀어나왔다. 우리 셋(나와 아랍인 둘)은 무슨 대단한 일이라도 해낸 양 서로 쳐다보며 낄낄거렸다. 파리에서 드문 맑고 푸른 하늘이 열린 날, 신선한 아침, 뜨거운 커피 한잔, 빈센트를 만나러 가는 길, 이것만으로도 입이 귀에 걸릴 판인데 그들은 커피값마저 받지 않았다! 나와 같은 제3세계 출신 동지들의 유쾌한 전송을 받으며 2층 기차의 위층에 올라탔다. 출발이 좋다.

내가 오베르에 간 날은 정말로 화창한 가을날이었다. 창밖으로는 프랑스 시골의 평온한 풍경이 만화경처럼 흘러갔다. 들판은 평안하게 가을 햇살을 받으며 드러누웠고 우아즈 강은 게으름뱅이처럼 느릿하게 흘러갔다. 아랍인들이 선사한 커피 한잔을 목으로 흘려넘기는 마음은 물처럼 고요해 나는 이방인이라는 느낌이 조금도 들지 않았다. 마치 오래전부터 익숙한 길을 오가는 듯한 느낌이었다.

빈센트는 오베르에서 최후의 70일을 살았고 그 동안 70점의 그림을 그렸다(60점이라고 하는 사람도 있다). 그뿐 아니라 수십 점의 드로잉과 우리가 너무 잘 알고 있는 편지들을 남겼다. 그가 묵었던 라부의 하숙집 3층 작은 방에서 상영되던 영화의 내레이터는 "……에브리데이 페인트, 페인트, 페인트……"라고 말한다. 그는 정말 밀린 숙제를 해치우듯이, 빚을 갚기라도 하듯이, 그리고 그리고 또 그렸다. 그가 무엇을 꿈꾸었고 무엇이

고흐가 묵었던 하숙집은 지금은 레스토랑(1층)과 기념관으로 변했다. 좁고 어두운 계단을 올라가면 고흐가 묵었던 방이 있다.

그의 가슴을 격동시키며 무엇이 그를 고통스럽게 했는지는 동생 테오와 친구인 베르나르 등에게 보낸 편지에 간결하고도 사색적인 필치로 담겨 있다.

인생이 내리치는 가혹한 매질에 견디며 자신이 믿는 것을 극한까지 밀고 나간 한 무명 화가의 투쟁을, 그의 절망과 슬픔을 우리는 감히 헤아릴 수조차 없을 것이다. "도대체 나는 어떻게 하면 좋겠느냐?"는 물음(테오에게 보낸 편지)은 가슴을 아리게 한다. 그의 삶은 동생 테오의 '수혈'로 겨우 지탱되고 있었다. 하지만 이 당시 테오 역시 경제적인 어려움에 시달리고 있었고 빈센트가 자살하기 며칠 전에 형제는 크게 싸우기까지 했다. 빈센트는 자신의 무시무시한 질병(한번 발작이 시작되면 유화 물감을 집어삼키고 싶을 정도로 무서운 고통을 수반했다)이 결코 나을 수 없는 것임을, 그것이 평생 동안 주기적으로 되풀이될 것임을 알았다. 그림은 단 한 점이 팔렸을 뿐, 희망은 어디에도 보이지 않았다. 정말 놀랄 만한 인물인, 견인불발의 인내심으로 형의 희망 없는 노력을 지켜보며 믿음을 버리지 않았던 테오에게 빈센트는 절망적으로 "돈은 꼭 갚겠다. 안 된다면 나의 영혼을 주마"고 쓴다. 이 순간에 누가 이 고단한 육신을 풀어놓아 쉬게 하고픈 충동을 느끼지 않을 수 있겠는가. 빈센트가 삶과의 고통스런 투쟁을 포기해버린 것에 대해 안타까워할 수는 있겠지만 비난할 수는 없다. 어쩌면 그 정도에서 멈춘 것, 인간이 자신의 품위를 지키기 위한 마지막 수단인 죽음에 호소한 것은 그의 권리일 것이다. 아를의 노란집에서 함께 기거했던 고갱은 빈센트가 자살했다는 소식에 "그 가엾은 친구를 위해서는 다행스러운 일"이라는 반응을 보였다. 인생이 그토록 비통한 것이라는 사실을 누가 믿을 수 있겠는가.

어찌된 일인지 사람들은 그의 발작과 귀를 잘라버린 불행한 사건, 그리고 결국 자신의 심장에 권총을 대고 방아쇠를 당겨버린 일과 상상할 수조차 없이 치솟아버린 그림값에 대해서만 열을 올린다. 그런 것은 그저 저급한 호기심에 불과하다. 그는 쥘 미슐레의 『프랑스 혁명사』 같은 책을 탐독한 프롤레타리아 예술가였고, 보리나주 탄광 지대 광부들의 비참한 삶에 공명한 휴머니스트였으며 화가들의 공동체를 꿈꾸었던 이상주의자였다. 그림이 부자들의 거실에 걸리는 장식품이기보다 민중들의 일용할 양식이 되어야 한다고 생각한 이 민중화가의 그림이 왜 그토록 오랫동안 수많은 사람들에게 사랑받고 있는지에 대해 박홍규 선생은 이렇게 말한다.

빈센트 반 고흐, 「해바라기」, 캔버스에 유채, 93×73cm, 1888, 빈센트 반 고흐 미술관, 암스테르담

그는 처음부터 보통사람들을 주제로, 보통사람들을 위해, 보통사람들의 눈으로 그림을 그리겠다고 결심했고 평생 그 서약을 지켰다. 그리고 (그 자신) 보통 인간이면서도 온갖 불행에 굴하지 않고 고뇌를 예술로 승화시켰다.

빈센트 반 고흐 하면 해바라기가 떠오른다. 전에 내가 살던 집 마당에 어느 날 해바라기가 노란 꽃잎을 수줍게 내밀었다. 날마다 물을 주지 않아도, 아무리 척박한 땅에서도 해바라기는 반드시 싹을 틔우고 꽃을 피운다. 해바라기는 오래전부터 영광의 꽃이었고 그 노란색은 영원을 상징하는 색이었다. 황금이 결코 녹스는 일이 없고 변질되지도 않듯, 순수해서 더욱 눈이 부신 이 노란 꽃, 무슨 일이 있어도 한 번은 꽃을 피우는 강인한 생명력을 지닌 해바라기에 빈센트는 사람의 일생을 이입해 보았다. 어떤 꽃은 만개했고 어떤 꽃은 절정을 지나 시들어 꽃잎이 다 떨어져버렸고 어떤 꽃은 피기도 전에 꺾여버렸다. 저 꽃들이 빚어내는 풍경처럼 사람의 일생도 그런 것이겠지. 간혹 꺾이고 시들고 아예 땅에 팽개쳐지고, 그래도 삶은 계속되는 것이어서 우리는 살아야 하고.

고흐가 살았던 라부의 하숙집(지금은 레스토랑과 기념관으로 쓰인다)과 관광안내소를 지나 오른쪽으로 난 길을 걸어가면 오베르 교회가 나온다. 교회 오른쪽으로 돌아가면 보이는 마을 묘지에 빈센트와 그의 분신과도 같았던 테오가 누워 있다. 테오는 형 빈센트가 그렇게 비명에 죽자 마치 뒤따르기라도 하듯 여섯 달 후에 숨을 거두었다. 몇 년 전에 왔을 때 두 사람의 묘지 앞엔 빈센트가 즐겨 그렸던 커다란 사이프러스나무 한 그루가 서

오베르 교회를 끼고 오른쪽으로 돌아가면 고흐 형제가 묻혀 있는 마을 공동묘지가 나온다. 빈센트는 테오보다 4년 먼저 태어나 1년 먼저 죽었다. 두 사람의 묘 앞엔 커다란 사이프러스나무가 심어져 있었는데 지금은 베어졌다.

있었는데 어인 일인지 나무가 베어 넘어가 있었다.

빈센트를 사랑하는 이들이라면 꼭 기억해야 할 사람이 테오의 아내 요한나이다. 그녀와 남편 테오는 세상의 손가락질을 받으며 희망없는 싸움을 계속하던 무명화가 빈센트의 이름을 아들 빌렘에게 물려주었다. 어빙 스톤의 전기에 따르면 아를에서 파리로 올라가 테오와 재회한 빈센트는 조카 빌렘을 보고 서럽게 울었다고 한다.

빈센트 반 고흐의 제수인 요한나 봉허르와 아들 빌렘.

빈센트는 막 피어나는 벚꽃을 그린 유화 한 점을 그려 갓 태어난 새 생명을 축하했다. 비극적으로 죽은 형의 뒤를 따르기라도 하듯 남편이 세상을 떠나자 고국 네덜란드로 돌아간 그녀는, 하숙을 쳐서 생계를 꾸리며 시아주버니인 빈센트의 그림을 모으고 관리하며 사람들에게 알리는 데 온 힘을 쏟았다. 또한 날짜가 적혀 있지 않은 수백 통의 편지들을 오랜 시간에 걸쳐 꼼꼼히 정리해 독일과 네덜란드에서 출간했으며 죽기 얼마 전까지 영어판 출간에 혼신의 노력을 기울였다. 그녀의 아들 빌렘에 따르면 "어머니는 사방에서 그림을 처분하라는 충고를 받았지만 그런 생각을 꿈에서조차 하지 않았다"고 한다. 그녀는 빈센트의 생애와 예술의 성스러운 전도자였다.

빈센트 반 고흐, 「까마귀가 나는 밀밭」, 캔버스에 유채, 50.5×103cm, 빈센트 반 고흐 미술관, 암스테르담

이 들판엔 까마귀처럼 보이는 새들이 날아들었다. 이 화창한 날, 이곳에서 느낀 압도적인 쓸쓸함과 외로움은 좀처럼 잊혀지지 않는다.

마을 묘지를 나와 빈센트의 마지막 그림(아니라는 말도 있지만 나로서는 알 수 없다)인 〈까마귀가 나는 밀밭〉을 그린 오베르의 들판을 천천히 거닐었다. 추수가 끝나 텅 빈 들판에 안온하게 쏟아져 내리는 가을 햇살, 느긋하게 어슬렁거리는 관광객들, 그럼에도 얼마나 외로웠는지 모른다. 그토록 화창한 날에 사람들과 함께 들판을 걸으면서 외로움이라니. 하지만 사실이 그랬다. 그 들판은 마법의 들판이었다. 고흐는 〈까마귀가 나는 밀밭〉에 대해 "나는 극도의 슬픔과 외로움을 담고 싶었다"고 했다. 그림의 오른쪽에서 왼쪽으로 난 길을 똑바로 걸어가면 당시 그를 돌보았던 '가셰 박사의 집'이 나온다. 대개의 사람들은 그렇게 들판을 지나치지만 나는 그림의 한복판을 가르며 지평선 너머로 사라지는 샛노란 길을 오래오래 걸었다. '이 길이 아마도 그 보잘것없는 네덜란드인이 수도 없이 걸었을 그 길일 것이다'라고 생각하면서.

검푸른 밤이 내려앉은 카페
:: 반 고흐가 꿈꾸었던 프로방스

오베르에 다녀온 다음날, 말로만 듣던 테제베를 타고 아비뇽으로 향했다. 아비뇽을 거쳐 아를에 가려는 참이다. 프로방스를 거쳐 스페인으로, 그리고 이탈리아, 그리스…… 지도를 펼쳐보았다. 이탈리아는 긴 장화처럼 생긴 본토가 사르데냐 섬을 냅다 걷어차는 형상이고 프랑스는 어찌 보면 오각형 별 모양 비스무리하다. 프랑스의 땅덩이는 유럽에서 우크라이나 다음으로 (생각보다) 큰 나라이고, 유럽 유일의 농업 수출국이라고 한다. 그러고 보면 여러모로 축복받은 나라가 아닌가. 알프스 산맥을 끼고 있는가 하면 바다에 면해 있고 드넓은 평야를 안고 있다. 아, 그리고 돈으로도 살 수 없는 문화의 풍성함이란!

옆자리에 앉은 사람은 쉼 없이 뜨개질을 하고 있었다. 행복한 표정이다. 뜨개질이란 들이는 공력과 시간을 생각하면 비경제적인 노동이지만, 저렇듯 한 올 한 올에 숨은 보이지 않는 마음이 귀한 것 아니겠는가? 물

빈센트 반 고흐, 「사이프러스나무가 있는 밀밭」, 캔버스에 유채, 73×93.5cm, 1889, 개인소장

끄러미 바라보고 있었더니 그녀는 나와 잠시 눈을 맞추고 말 없이 미소를 지었다.

 창 밖으로는 거대한 사이프러스나무들이 보인다. 아무렇게나, 또는 자연스럽게 여기저기 서 있는 게 아니라 일렬로 서 있다. 어떤 것들은 마치 벽을 두른 듯한 모양이다. 피레네 산맥 너머에서 불어오는 무서운 한풍을 막기 위해 이곳 사람들은 이 사이프러스나무를 방풍림으로 많이 심었다. 빈센트는 이 나무를 가리켜 "해바라기와 같은 영감을 준다"고 했다. 그의 그림에서 사이프러스나무는 이 지상의 삶과 저 천상의 영원을 이어준다. 고딕 성당의 첨탑이 '신을 가리키는 손가락'이듯 빈센트의 사이프러스나무 역시 그러했다.

차는 이윽고 아비뇽에 도착했다. 옆자리에 앉아 뜨개질하던 여인은 마중 나온 사내와 다정히 포옹을 한다. 아, 이제 보니 그니는 말을 못하고, 다리를 조금 절고 있었다. 그렇게 수첩에 글자를 써가며 나와 얘기를 했던 이유가 있었다.

이곳은 황제가 교황을 굴복시킨 사건인 아비뇽 유수로 역사에 이름이 남은 곳인데 아를이나 생 레미, 타라스콩 등은 여기서 지척이다. 버스를 타고 한 시간여를 달려 아를 역 앞 광장에 내려, 길가에 서서 시시덕거리는 배낭여행족들에게 말을 걸었다. 미국인들이었다. 자기네들도 이제 막 도착했다면서 별로 알려줄 건 없고 행운을 빈단다. 그들과 괜히 낄낄거리던 중인데 젊은 일본 녀석이 슬쩍 끼어들더니 그리 어눌하지 않은 영어로 함께 호텔을 찾아보자는 것이 아닌가. 좋다. 호텔에 가도 둘이 방값을 나누면 반값이니까 싫을 이유가 없지. 물어물어 어느 음식점 2층에 하루 묵을 방을 잡았다.

직업이 컴퓨터 프로그래머인 그 일본 청년의 이름은 슌스케. 하던 일이 너무나 지겹더란다. 그래 때려치우겠다고 했더니 사장이 유럽 여행을 보내주더라나, 그것도 돈을 주면서. 그 말을 믿어야 할지 말아야 할지 모르겠으나 거지꼴로 6개월간 유럽을 떠돌아다니는 녀석이 대견해 보였다. 겨우 스물 대여섯이었는데.

씻고 그냥 잠들어버리기에는 너무 배가 고팠다. 함께 1층 식당으로 내려가 뭘 좀 먹기로 했다. 그러고 보니 요리로도 유명한 이 나라에서 제대로 된 식사를 해본 적이 없는 것 같다. 프랑스의 요리가 세계적으로 유명해진 것은 프랑스 혁명 때문이라는 얘기가 있다. 혁명으로 궁정에서 일하던 일류 요리사들이 죄다 일자리를 잃은 것이다. 배운 게 도둑질이라고 그들은 왕궁이 아닌 저잣거리에 음식점을 열었고 이후 보통사람들도 프랑스 궁중요리를 먹을 수 있게 되었다. 하지만 그 밤에 우리가 먹은 건 맛없는 식빵과 정체불명의 저민 날고기. 다 프랑스어를 못하는 죄니 더 말해 무엇 하랴.

반 고흐가 아를에 간 것은 1888년 2월이었다. 지금이야 커다란 로마 경기장과 중세 유적이 유네스코 인류문화유산으로 지정되어 관광객들이 몰려드는 도시가 되었지만 반 고흐가 차에서 내렸던 당시에는 황량한 소도시에 불과했다. 하지만 겨울 지나고 봄이 오니 프로방스의 공기는 향기로웠고 햇살은 부시게 빛났다.

우선 이 고장은 공기가 맑아서 그 명쾌한 빛깔이 일본을 연상시킨다네. 물은 깨끗한 에메랄드빛 파문을 만들고 우리가 일본 판화에서 보았던 풍부한 풍경의 느낌을 더해주네. 엷은 오렌지빛 석양은 흙을 파랗게 보이게 한다네.

그는 날씨 좋고 물가가 싼 아를에서 화가들의 공동체를 꿈꾸었다. 하지만 그것은 꿈에 불과했다. 베르나르에게, 툴루즈 로크레크에게 열심히 편지를 보내고 설득했지만 대꾸조차 없었다. 하긴 그게 될 말인가. 아를에서 빈센트는 무엇보다 사람들을 열심히 그렸다. 이 시기에 그가 그린 초상화

고흐가 아를에서 그린 보통사람들.
1 주아브 병사
2 늙은 농부
3 폴—외젠 밀리에
4 조제프 룰랭
5 아를의 여인(마리 지누)

는 46점이나 된다. 그의 친구들, 인상파 화가들은 인간을 외면해버렸지만 그는 병사들, 매춘부, 교회에 가는 사람들, 압생트 마시는 사람들, 즉 지극히 평범한 보통사람들을 아무런 치장 없이 간결하게 그렸다. 존 버거는 반고흐의 그림이 왜 그토록 오랫동안 많은 사람들에게 인기가 있는가를 묻고 이렇게 답한다.

> 그는 일상적인 물건들을 어떤 식으로든 격상하려 하지 않고 있는 그대로의 모습으로 그렸다…… 의자는 의자이지 왕관이 아니다. 부츠는 신고 다녀 낡았다. 해바라기는 식물이지 성좌가 아니다. 집배원은 편지를 배달할 것이고, 붓꽃은 시들 것이다.

그렇게 보면 사실 빈센트의 '구두'에 대한 하이데거의 장엄한 비평과 이를 둘러싼 샤피로와 자크 데리다의 논쟁은 번지수를 벗어난 것이다. 아니, 빈센트는 흔히 나무와 들판, 꽃 등의 자연물에 사람의 일생을 이입하곤 했으니 어쩌면 하이데거가 그 구두에서 농촌 아낙네의 소박 경건한 삶을 읽어낸 것도 무리가 아닐지 모른다. 마치 낡아빠진 구두처럼 삶에 지쳐 찌든 사람들을 그림으로써 그가 추구한 것은 무엇이었을까?

나는 빈센트가 동료 화가들과의 공동체를 꿈꾸며 빌렸던 노란집(지금은 상가가 되었다)을 지나 론 강 주위를 천천히 걸었다. 사르르 밤이 내리면 빈센트의 그림처럼 저 검푸른 하늘에 별이 총총히 빛나리라. 버스정류장엔 생레미, 타라스콩, 액스 따위의 프로방스 지방 마을 이름이 씌어 있었다. "프랑스 지도 위의 한 지점에 가듯, 하늘의 반짝이는 점에 갈 수 없을

빈센트는 이 강 위에서 소용돌이치는 별들을 그렸고, 독백처럼 중얼거렸다. "우리는 왜 별에게 갈 수 없는가?" 그는 아마 론 강 위의 별이 되었으리라.

빈센트는 1888년 이 노천 카페를 그렸다. 그때나 지금이나 카페와 주변 거리는 별로 변하지 않은 듯하다.

까. 타라스콩과 루앙에 가려면 기차를 타듯, 우리는 별에 도착하기 위해 죽음을 탄다"고 편지에 적었던 빈센트…….

그는 위대한 초상화가를 꿈꾸었지만 내심 자신의 광기를 두려워하고 있었다. 모네의 풍경, 모파상의 묘사와 같은 풍부하고 대담한 초상화를 그려내겠다고 다짐하면서도 폭발 직전인 신경을 다스리고 안정을 찾아야 한다고 자신을 타이르곤 했던 것이다. 아를에서 그를 쓰러뜨린 것은 아이러니하게도 그가 열광해 마지않았던 태양과 사람을 미치게 하는 바람, 기다리고 기다렸던 친구 고갱과의 다툼, 그리고 위험하기 짝이 없는 모험이었다. 폭력적일 정도로 강렬한 생명력을 뿜어내는 노랑을 얻기 위해 빈센트는 짙은 블랙커피를 몇 잔이나 들이켜고 독한 압생트를 마셨으며 해가 떠올라 지평선 너머로 가라앉기까지 무섭게 그림을 그려댔다. 그는 결국 면도칼로 자신의 귀를 잘라버렸다.

고갱은 소스라치게 놀라 아를을 떠났고, 소식을 듣고 달려온 동생 테오조차 형이 죽을지도 모른다고 체념하며 곧 파리로 돌아가버렸다. 홀로 남은 빈센트는 그림을 그렸다. 상황이 호전되자 의사는 낮에 야외에서 작업해도 좋다고 허락했지만 마을 사람들은 그를 감금해두어야 한다고 요구했다. 빈센트는 결국 노란집에 혼자 남겨졌다.

아를에서 빈센트의 흔적, 그의 체취를 느낀다는 것은 불가능했다. 너무나 많은 세월이 흘렀고 그는 이제 너무도 유명해져서 누구나 그의 이름으로 돈벌이를 하고 있었다. 빈센트와 아무 관계도 없는 어느 카페에나 빈센트 반 고흐라는 간판이 걸려 있었다. 그가 그렸던 〈밤의 노천카페〉의 배경이 된 곳은 커피 한잔조차 너무 비싸 나는 그냥 의자에 앉아 사진이나 한

장 찍고 말았다. 극단적으로 다른 개성을 지닌 두 거장의 보금자리였고 화가의 공동체라는 빈센트의 이상이 소박하게나마 실현되었던 '노란집'이 그대로 보존되어 있다면 얼마나 좋을까.

혼자 살아야 한다는 두려움에 떨던 빈센트는 자발적으로 아를에서 20여 킬로미터 떨어진 생레미의 요양원으로 들어갔다. 맑은 날, 길을 잘 알고 자전거를 탈 줄 안다면 아를에서 생레미까지 자전거를 타고 간다면 멋질 것 같다. 내가 생레미에 간 날은 비가 내렸다. 관광안내소는 문을 닫아걸었고 일요일이라 그런지 식당이나 가게도 문을 연 곳이 별로 없었다. 다행히 방수가 되는 윈드 브레이커를 입고 있었기에 가랑비를 맞으며 생 폴 드 무솔 요양원을 향해 걸어갔다.

이 로마네스크식 건물은 원래 수도원이었으나 사설 정신요양원으로 개조되었다. 요양원 뜰 여기저기엔 빈센트가 그린 그림들이 안내판처럼 세워져 있고 오베르 쉬르 우아즈에서 보았던 오십 자트킨의 조각이 서 있었다. 백 년 전이라면 그가 머물러 쉬었을 벤치에 앉아보았다. 이 정원에서 그는 붓꽃을 그렸다. 생명의 근원인 땅에 씩씩하게 뿌리를 내린 붓꽃, 1년에 적어도 한 번은 푸른 꽃을 틔워올리는 붓꽃을 이 뿌리 뽑힌 사내는 부러워하지 않았을까? 그는 지쳐 있었다. 2층 쇠창살 너머로 보이는 이글거리는 태양 아래 익어가는 밀밭을 그리기도 했지만 "익으면 베어질 저 밀처럼" 자신의 투쟁도 무익하리라 생각했다. 붓꽃은 떨어질 테고 밀은 차가운 땅에 누울 것이다.

이 요양원에서 슬프게도 그의 증상은 호전되지 않았고 외려 악화되었

1 생레미 요양원의 광고
2 요양원 정원 쪽을 향하고 있는 벤치. 빈센트 역시 이쯤에 앉아 정원의 꽃들을 바라보지 않았을까?
3 고흐가 기거했던 방. 그는 이 방의 쇠창살 너머로 보이는 밀밭을 그렸다.

다. 빈센트는 프로방스를 사랑했지만 자신의 광기가 프로방스 때문에 생겼다고 믿었다. 극심한 공포에 사로잡혀 훔친 페인트와 등유를 마시고 자살하려 하는가 하면 대단히 차분히 그림에 몰두하기도 하는 이 사람을 주치의인 페롱 박사는 완치되었다고 선언했다.

정원에 선 자트킨의 조각은 해바라기 한 송이를 들고 있다. 그의 손을 잡아보았다. 이 사람이 그토록 많은 초상을 그렸던 것은 어쩌면 자기 자신에 대한 의문 때문이 아니었을까? 광기에 몸부림치면서도 침착하고 우아하며 깊은 사색이 담긴 편지를 수백 통이나 썼던 사람. 동생 테오의 '수혈'로 겨우 삶을 지탱하면서도 동료 화가들과의 유토피아적 공동체를 꿈꾸었던 사람. 평생 신에 대한 갈망을 잃지 않았으면서도 누구보다도 치열하게 이 지상에서의 삶을 화가로서 하나 남김없이 불태워버렸던 사람.

요양원 입구에서 뒤돌아서서 오랫동안 생 폴 드 무솔 병원을 바라보았다. 여전히 빗방울은 얌전히 떨어져내려 대지를 적시고 있었다.

세상의 모든 색으로 채운
거대한 팔레트

∷ 지베르니의 모네의 정원

오베르 쉬르 우아즈에 다녀온 다음날, 나는 생 라자르 역으로 갔다. 익숙한 것을 익숙한 방식으로 보고 그렇게 표현한다는 것은, 다른 말로 하면 의심하지 않는다는 뜻이다. 의심하는 순간, 세상은 달라져 보인다. 인상주의 이전의 신고전주의 회화는 고요하고 절제되어 있으며 품위 있다. 그들이 이상화된 역사적 인물들을 때로 과장해서 위엄 있게 형상화한 것은 "인간은 이래야 한다"는 규범을 갖고 있었기 때문일 것이다. 하지만 인상주의자들은 이런 관념을 갖고 있지 않았다. 그들은 지금 자신의 눈에 보이는 풍경과 사람들을 보이는 그대로 그렸다. 신고전적인 아취와 낭만주의 회화의 역동성은 잃어버렸지만 사물을 과장하지 않았고 화폭에 햇살과 바람, 약동하는 빛의 생동감을 끌어들였다. 당시는 새로운 기계문명이 인간의 삶을 송두리째 변화시키던 시대였고 과학 기술이 사고와 행위의 기준으로 자리 잡던 시절이었다. 그런 시대에 신화적인 인물들, 고대의

클로드 모네, 「생 라자르 역」, 캔버스에 유채, 75.5×104cm, 1877, 오르세 미술관, 파리

영웅들을 사실적으로 재현하는 것은 난센스나 다름없는 일이었다.
  영광스럽게도 인상주의자라는 '오명'을 얻은 장본인인 모네는 새로운 기계문명 시대의 총아인 기차가 연기를 뿜어내며 지금 내가 서 있는 생 라자르 역으로 들어오는 모습을 그렸다. 기차가 토해놓은 푸르스름한 연기와 햇살, 공기는 서로 부딪치고 떠다니며 사물의 윤곽을 흐릿하게 한다. 지금 도착하는 중인지 어딘가로 떠나는 중인지 알 수 없는 기차와 역사驛舍 한 편에 유령처럼 어른거리는 사람들, 역사의 구조물과 주변의 건물들은 견고한 실체가 아니라 허상처럼 덧없어 보인다. 모네는 실상 '생 라자르 역'을 그린 게 아니라 빛과 색채의 무궁한 변화와 움직임을 그린 것이고 그의 그림이 이후 구상의 굴레를 벗어나 추상에 근접해갈 것임을 여기에서도 가늠할 수 있다.

생 라자르 역에서 베르농까지는 약 45분이 걸린다. 여기에서 지베르니 Giverny까지는 버스로 15분 거리, 그러니까 파리에서 지베르니까지는 한 시간 남짓에 불과하다. 차를 기다리며 나는 내내 오랑주리 미술관 벽면 가득 펼쳐져 있을 모네의 〈수련〉을 생각했다. 오랑주리의 〈수련〉은 모네가 말년에 국가에 기증하기로 하고 마지막으로 심혈을 기울여 완성한 걸작이다. 한국에서 떠날 때부터 그토록 보고 싶어 했던 그림인데 오랑주리는 공사중이었고 나는 다음을 기약해야 했다.

기차는 센 강을 따라 리드미컬하게 꿈틀거리며 나아간다. 강변엔 작은 배들, 선착장, 하늘거리는 수양버들과 우뚝우뚝 솟은 키 큰 포플러가 늘어서 있다가 기차가 가까이 접근할 때마다 환등기 그림처럼 쉭쉭 스쳐 달아나버린다. 기차는 오래지 않아 베르농 역에 도착했다. 나처럼 작은 배낭을 멘 사람들을 뒤따라가니 차창에 지베르니라고 써 붙여놓은 버스가 기다리고 있고 사람들이 줄을 지어 버스에 오른다. 내 뒤에 있던 할머니가 어깨를 살짝 치기에 돌아보니 내 가방이 열려 있다고 알려준다. 할머니는 "너도 모네의 정원 보러 왔구나" 하는 표정으로 의미심장하게 미소 짓는다. 황홀하다. 나를 황홀하게 하는 건 멋진 경치나 스펙터클한 구경거리가 아니라 이런 사람들의 살가운 느낌들이다!

모네를 보러 차를 가득 메운 사람들과 함께 베르농 시내를 빠져나와 시골길을 잠시 달려 지베르니에 도착했다. 흰색, 빨강색 접시꽃이 줄지어 늘어선 클로드 모네의 길을 따라 가면 초록빛 대문이 나타난다. 대문을 열고 들어가면 바로 모네의 정원이다. 1960년에 모네의 아들이 보자르 아카데미에 기증한 이 정원은 1980년 모네 재단이 대규모 보수를 단행하여 지금의 모습을 되찾았다.

사람들은 모네의 정원을 거대한 팔레트라고 한다. 실제로 모네는 그렇게 계획했고 그 계획을 세심하게 실현했다. 색의 조화와 꽃의 상태를 고려하여 형형색색의 꽃을 심었고, 그리하여 정원은 계절이 바뀔 때마다 세심하게 옷을 갈아입었다. 파랑색 꽃밭에는 아마꽃, 초롱꽃, 제비고깔꽃, 현삼화를, 분홍색 꽃밭에는 모란꽃, 접시꽃, 장미꽃을 심었고 크고 작은 꽃을 골고루 심어 꽃방석과 꽃그늘을 만들었다. 온갖 색이 점점이 피어 있고 거기에 순도 높은 햇살이 내리비쳐 색과 빛이 어우러져 다투어 빛나는 광경을 상상해보라. 그것이 바로 모네의 정원이다.

살아 있는 것을 키우고 가꾸는 것은 얼마나 어려운 일인가. 스무 해, 서른 해를 꼬박 '길러야' 하는 인간이라는 동물은 말할 것도 없고 꽃 한 송이, 나무 한 그루라도 꽃을 피우고 우뚝 자라게 하는 데는 상상할 수 없는 공력이 든다. 고백하자면 나는 늘 정원이 있는 집을 꿈꾸었다. 더 정확히 말하면 정원을 가꾸며 살고 싶었다. 하지만 가난한 프롤레타리아인 내가 서울에서 무슨 재주로 그런 집에서 꽃과 나무를 가꾸는 호사를 누릴 수 있겠는가. 대신 퇴근길에 집 앞 꽃집에 들러 노란 수선화와 프리지아, 소국 따위를 사서 화병에 꽂아두곤 했다. 하지만 꽃은 시들고 향기는 흩어지게 마련이다. 말라비틀어진 꽃들을 쓰레기통에 버릴 때마다 안쓰러워 이 호

모네의 정원에 핀 형형색색의 꽃들. 모네는 거대한 정원을 세심하게 구획해 계절에 맞게 다양한 꽃을 심었다.

당시 인상주의 화가들처럼 모네 역시 일본 그림과 도자기를 좋아했고 집 안을 온통 일본 그림으로 장식해놓았다.

사스러운 취미를 접어버렸다. 그러다 예기치 않게 직장을 그만두고 시골에 틀어박혀 1년을 살며 마당에 꽃밭을 가꾸었다. 그 보잘것없는 꽃밭을 일군 경험으로도 모네가 이 정원에 얼마나 큰 공력을 들였는지 쉬 알 수 있다. 심지어 모네는 정원에 연못을 만들기 위해 에프트 강과 센 강 물줄기를 끌어들여 농부들의 원성을 샀을 정도였다.

 당시의 인상파 화가들처럼 모네 역시 일본 판화에 관심이 많아 집을 온통 일본 그림으로 장식해놓았다. 애초에 일본 상품의 포장지로 유럽에 건너온 우키요에의 대담한 구도, 선명한 색채감, 세심한 묘사에 유럽의 젊은 화가들은 놀라움을 금치 못했고 이를 모방하기 시작했다. 모네는 이 정원에 일본풍의 다리를 만들기까지 했다. 그 다리 아래 연못엔 빨강색, 분홍색, 흰색 수련이 피어 있다. 모네가 후기에 그린 〈수련〉은 이전의 밝고 화사한 화폭에 비해 채도가 높아 묵직하고 깊은 정신성을 내비친다. 모네가 햇살과 물이 희롱하여 빚어내는 미묘한 효과에 그토록 매달린 이유는 무엇일까? 어쩌면 감수성 예민한 어린시절을 르아브르에서 보낸 데 원인이 있는지 모르겠다. 나 역시 늘 어린시절의 바다가 시도 때도 없이 떠오르곤 한다. 햇빛 충만한 오후, 사금파리를 뿌려놓은 듯 온통 흰빛을 뿜어내며 빛나는 황홀한 바다에 빠져 정신을 못 차리곤 했으니까.

모네는 말년에 백내장으로 시력을 잃어버렸다. 베토벤이 청력을 잃어버렸듯 모네는 동료 화가들이 그토록 찬탄했던 '눈'을 잃어버렸다. 부옇게 변한 수정체가 붉은색을 제외한 모든 색을 여과시켜 모든 것이 붉게 보였다. 수술로 혼탁한 수정체를 제거하자 이번엔 모든 게 푸르스름하게 보였다. 낙담한 그는 차라리 눈이 완전히 멀어버리기를, 그래서 자신이 보아온 아름다움만 기억하기를 바랐다.

그래도 모네는 반 고흐에 비하면 운이 좋았다. 죽기 전에 사람들이 그를 알아보았던 것이다. 지베르니의 정원엔 마치 성지순례하듯 사람들이 몰려들었고 살롱에서 거절당했던 그림들이 유수의 미술관에 입성했다. 죽기 전까지도 작업에 몰두했고 백 살까지라도 살고 싶다고 삶에 애착을 보였던 그는 여든 여섯에 삶을 마감했다.

베르농으로 가는 차 시간이 아직 많이 남아 걷기로 했다. 한 시간이면 족할 것이고 길을 잃으면 사람들에게 물을 참이었다. 찻길로 나란히 난, 오솔길을 천천히 걸었다. 어떤 사람의 생애에도 희극과 비극은 마치 밤과 낮

클로드 모네, 「임종을 맞은 카미유 모네」, 캔버스에 유채, 90×68cm, 1879, 오르세 미술관, 파리

처럼 교대로 찾아온다. 온통 빛으로 넘치는 모네의 화폭 이면, 삶 갈피갈피에는 죽음의 신이 기웃거렸다. 어린 나이에 어머니를 잃었고 고작 서른둘이던 아내 카미유가 그의 곁을 떠나버렸다. 돈이 없어 모델을 살 수 없었던 모네에게 모델이 되어주었던 이 선량한 조강지처를 잃고 모네는 "마지막으로 아내의 목에 걸어주게 저당 잡힌 목걸이를 찾아달라"고 지인에게 부탁한다. 황망함과 쓸쓸함, 자괴감이 안타까울 정도로 짙게 묻어난다.

놀랍게도 임종을 맞은 카미유를 그린 모네의 그림엔 죽음의 그림자가 부여한 푸른색, 노랑색, 회색의 색채 변화가 뚜렷하다. 그는 이제 영원히 자신의 곁을 떠나는 사랑하는 이의 마지막 이미지를 보존하고픈 마음보다 색채의 변화 쪽에 본능적으로 반응하고 있었던 것이다. 자신의 조수가 칼에 찔려 죽어갈 때조차 필요한 조치를 취하기보다는 죽어가는 자의 고통에 떠는 표정을 넋 잃고 바라보았다는 미켈란젤로처럼 말이다.

  인상파 화가들이 추구했던 찰나의 아름다움이란 동화처럼 가냘프고 덧없다. 그려질 당시엔 반항적이고 현대적이었겠지만 지금은 보란 듯 걸작들의 묘지인 미술관에 한 자리를 차지한 채 관객들을 맞고 있다. 인상주의자들은 어두운 현실의 이면을 애써 무시한 채, 반짝 하고 사라져버릴 아름다운 신기루를 화폭에 단단히 비끄러매고 싶어했다. 길어야 백 년에도 못 미치는 인간의 삶 자체가 저 무궁한 우주의 순환에 비하면 한없이 덧없기만 한 것이니, 흘러가는 햇살 한 조각, 바람 한 점, 노랗고 빨간 색점 하나하나의 생성과 소멸이 말하는 것이 희열인지 허무인지 안타까움인지 모를 일이다. 화사하게 빛나는 햇살 아래에서도 간혹 쓸쓸할 때가 있지 않던가.

파리의 하늘 밑
:: 페르 라셰즈의 코뮌 전사들의 묘

　　그날은 월요일이었다. 여행객에게 월요일은 난감하다. 대부분의 미술관과 박물관이 문을 닫기 때문이다. 유럽에서 미술관, 박물관, 성당을 빼고 나면 딱히 갈 곳이 안 떠오른다. 바로 그렇기 때문에 반대로 마음을 실타래 풀듯 풀어버리고는 '볼 게 없는' 호젓한 골목을 기웃거리고, 소소한 풍경과 갖가지 소음들 속에 풍덩 빠져드는 색다른 경험을 할 수도 있을 것이다.

　　지하철역으로 걸어가면서 어딜 갈까 궁리하던 끝에 손뼉을 탁 쳤다. 페르 라셰즈, 그리고 몽마르트르. 아직 그곳을 가지 않았던 것이다. 페르 라셰즈 묘지는 루이 16세의 고해신부였던 페르 라셰즈 신부의 이름을 딴 것이다. 여기엔 우리가 아는 숱한 예술가, 정치가, 사상가들이 고단한 육신을 누이고 영원한 쉼을 누리고 있다. 가장 짧은 시간에 유명한 사람들을 가장 많이 만날 수 있는 곳이 페르 라셰즈다.

페르 라셰즈 묘지 풍경. 이쪽(차안)과 저쪽(피안)은 멀기도 하고 가깝기도 하다.

내가 찾고 싶었던 것은, 프랑스 혁명의 와중에 코뮌을 마지막까지 사수했던 용감한 사람들을 기리는 '코뮌 전사들의 묘'였다. 그들은 마지막까지 싸웠고 결국 모두 총살당했다. 코뮌의 실책과 오류, 한계와 의의에 대해서는 많은 말들이 있다. 하지만 어떤 사건은 그 사건 자체가 가지는 역사적 중요성으로 다른 모든 자잘한 문제들을 압도해버리기도 한다. 파리 코뮌이 바로 그런 사건이다.

그들을 기념하는 묘지를 찾기는 쉽지 않았다. 거의 포기하고 돌아갈 뻔했다. 묘지 입구 오른쪽으로 돌아가니 검은 대리석으로 장식한 화려한 묘

105

지가 늘어서 있었다. 묘지의 주인들은 뜻밖에 익숙한 이름들이었다. 발데크 로셰, 모리스 토레스……. 프랑스 공산당 역대 서기장들이었다. 그 아래엔 스페인시민전쟁에 의용군으로 참전했던 사람들을 기리는 기념비가 있고, 그 위쪽으로 올라가면 반세기 전 유럽 전역에서 수난을 당했던 유대인들의 고난을 잊기 않기 위한 조형물들이 있다.

그런 조형물들에 나오는 유대인들은 하나같이 비쩍 마른 형상들이다. 그것은 예술적 '표현'이 아니라 사실 그 자체이다. 뮌헨 교외 다하우에서 본 기록영화에 나오는 유대인들은 모두 굶주려 그렇게 피골이 상접한 몰골들이었다. 유대인이라…… 심경이 복잡해졌다. 팔레스타인 사람들에게 총알 세례를 퍼붓고 세계를 불의 재앙으로 몰아넣으려는 자들이 우익 유대인들이다. 이자들은 유대인들의 비극적인 고난을 이용해 잇속을 챙기기에 바쁘다. 사실 아우슈비츠로 끌려간 수백만의 유대인들이 처음부터 애도의 대상이었던 것은 아니다. 이스라엘 사람들은 1960년대까지 아무런 저항도 없이 양처럼 죽음의 길을 간 사람들을 민족의 수치라고 손가락질 했을 정도였다. 한없이 선량하고 불쌍한 유대인이라는 이미지는 만들어진 신화였고 그것으로 이득을 얻은 자들은 따로 있었다. 이 우익 유대인의 대표자격인 사람이 노벨평화상 수상자인 엘리 비젤이다. 나는 노벨평화상씩이나 받은 이 사람이 부시의 전쟁놀음을 열렬히 지지하는 꼴을 보고 '경끼'를 일으킬 뻔했다. 머리가 혼란스럽다. 도대체 누가 가해자이고 누가 피해자인가.

그런데 아무리 둘러보아도 내가 찾으려던 코뮌의 용감한 사람들을 기리는 그 벽은 보이지 않았다. 이제 그만 포기하고 갈까 중얼거리다 마지막으로 한 번만 더 찾아보기로 하고 왔던 길을 돌아 내려갔다. 그런데 사진에서 보았던 그곳이 눈에 확 들어왔다. 이렇게 반가울 수가! 달음질쳐 내리막길을 내려갔다. 그런데 묘지 앞에 두 사람이 앉아 있었다. 언뜻 보아 한국사람 같다. 한국사람이나 일본사람, 중국사람은 언뜻 보기에 비슷한 것 같아도 금세 구별할 수 있다. 일본사람들은 우리보다 선이 여리고 중국사람들은 더 투박하다. 옷차림이나 외모, 태도에서도 차이가 난다. 나는 그들에게 한국말로 말을 걸었다.

놀라워라, 그분들은 내가 다니던 교회 건너편에 있던 성당의 신부님들이었다. 한분은 주임신부님이었는데 이스라엘로 가는 길이었고, 또 한 분은 보좌신부님이었는데 파리에서 유학 중이었다. 주임신부님은 이스라엘로 가려다 보좌신부님 생각이 나 파리에 들른 거였다. 그는 테러로 바람 잘 날 없는 중동 땅에 가면서도, 폭탄 걱정보다는 안 통하는 '말' 걱정을 하고 계셨다. "폭탄은 두렵지 않은데 말이 걱정이야." 유학 중인 신부님에 따르면 이곳 코뮌 전사들의 묘엔 늘 꽃이 있다고 한다. 누가 갖다놓는지 일 년 내내 꽃이 끊이질 않는다고 한다.

우리 셋은 쉽게 죽이 맞았다. 다들 발 딛고 선 땅이, 바라보는 지점이 비슷했던 것이다. 마침 점심시간이라 그분들이 잘 아는 한국식당으로 갔다. 또 한 번 놀랐다. 식당 주인은 내 고등학교 선배였던 것이다. (놀랄 일은 계속된다. 한국에 돌아와 그 신부님들 얘기를 친한 누님께 했더니 유학시절 많은 도움을 준 고마운 분이라고, 심지어 며칠 전에 전화통화를 했다고 하지 않는가! 세상이 이리 좁으니 우리는 그저 착하디착하게 살 일이다) 배낭여행객의 소원은 한국 음식을 배불리 먹는 것이다. 그 소원을 이루기란 쉽지 않다. 엄청나

이곳에서 마지막까지 저항하던 코뮌의 용감한 사람들이 모두 살해당했다. 130여 년이 지난 지금도 당시의 총탄 자국은 여전히 생생하다.

'1871년 5월 21~28일 파리 코뮌의 죽은 자들에게'라고 쓰여 있다.

누군가 두고 간 꽃다발. 아 나는 왜 꽃 한 송이 들고 올 생각을 못 했을까……

게 비싸기 때문이다. 모든 재료를 한국에서 공수해와야 할 테니 비쌀 수밖에 없을 것이다. 그런데 뜻밖에 만리타향에서 우연히 만난 고향땅 성당 신부님들이 내 소원풀이를 해주셨으니, 지금 생각해도 그저 고마울 따름이다. 비싼 밥을 얻어먹은 것이 미안해 커피는 제가 사겠노라고 큰소리를 치고 근처 카페에 들어갔지만 결국 커피까지 신세를 지고 말았다.

신부님들은 월요일에도 문을 여는 루브르로 가시고, 나는 오랑주리 미술관으로 갔다. 그 미술관 건너편엔 콩코르드 광장이 있다. 애초에는 혁명 광장이었지만 나중에 콩코르드(조화)로 바뀌었다. 무시무시한 혁명의 기억을 잊어버리고 싶었던 것일 게다. 언덕 위 의자에 앉아 광장을 내려다보며 '바로 저기서 프랑스 대혁명 때 지배자들 수천 명이 처형당했다'고 생각하니 기분이 어수선했다. 지배자들은 민중의 기세가 꺾이자 훨씬 더 잔인하게 대규모 보복을 가했다. 이것이 지금까지의 역사였다. 힘과 힘이 맞부딪치고, 적을 말살해야 존립할 수 있는 무자비한 투쟁, 모든 것을 건 한판 싸움에서는 힘의 법칙이 잔인하게 관철된다. 어쩌랴. 어쩔 수가 없다.

사크레쾨르 성당 아래 계단에 앉으면 파리 시가가 내려다보인다. 맑은 날 그냥 가만히 앉아만 있어도 시간 가는 줄 모르고 한나절이 간다.

다른 길이 있다면 좋을 것이다. 간디의 비폭력은 폭력을 종식시키지 못했고, 살바도르 아옌데는 평화적인 방식으로 대안 사회를 건설하려 했지만 '폭력은 역사의 산파'라는 가르침을 외면한 대가로 비극적인 최후를 맞았다. 무력감이 느껴졌다.

다시 지하철을 탔다. 머릿속으로 사크레쾨르 성당 Sacre-Coeur Basilica이 올려다보이는 정경을 떠올리며 지하철을 내렸지만 길을 잘못 들었는지 성당 뒤편 언덕에 내렸다. 지나가는 처녀들에게 길을 물었더니 꽤나 호기심어린 표정으로 신이 나서 얘기한다. 이쪽으로 죽 가서 저쪽으로 돌고……고맙다고 말하는 순간 눈이 마주쳤는데 발그레한 볼, 갈색 눈, 주근깨, 귀여운 얼굴이다. 날씨는 맑았다. 하늘은 푸르고. 언덕길 여기저기에 거리의 화가들이 이젤에 캔버스를 올려놓고 붓질을 하고 있었다. 한국에서 챙겨간 스테인리스 컵을 꺼내 카페에 들어가 커피 한잔을 청했다. 주인은 뜨겁고 쓰디쓴 에스프레소를 꺼내왔다. 그걸 어떻게 마시라고. 손짓 발짓을 해가며 거기에 설탕을 넣고 물을 더 부어달라고 한참 설명했더니 "아메리칸 스타일?" 한다. (하하!) 낄낄거리며 맞다고 했더니 전염되었는지 그도 웃는다. 그렇게 커피 한잔을 들고 카페를 나왔다. 그 이상 기분이 좋을 수가 없었다. 그때 그 기분을 지금 여기 백 분의 일도 옮겨놓을 수가 없다. 그렇게 화창한 가을날, 한국밥을 배불리 먹고, 커피 한잔을 홀짝거리며 몽마르트르 언덕을 오르는 기분이라니. '세상에 이렇게 좋아도 될까?' 반 미친 사람처럼 웃음이 그치질 않았다.

나폴레옹 3세던가, 보불전쟁에서 패배한 후 지은 성당이 사크레쾨르 성당이다. 성당 앞 계단에 수백 명이 앉아 파리 시가를 내려다보고 있었다.

그냥 그렇게 햇볕을 쬐며 아무것도 하지 않고 '파리의 하늘 밑'에 앉아 오후 시간을 보내는 것이다. 그 순간엔 더 바랄 것이 없었다. 뭘 더 바라겠는가? 모든 욕망이 재로 변해 어디론가 날아가버리는 듯했다. 웃통을 훌떡 벗어던지고 해바라기를 하는 녀석도 있고 발밑에 돈주머니를 놓고 플루트를 부는 사람도 있다. 개를 데리고 들어오지 말라고 엄연히 씌어 있는데 송아지만 한 개를 끌고 온 멋진 아가씨를 불러세운 경찰 아저씨는 단속은 뒷전이고 농담 따먹느라 바쁘다. 구름은 높고 햇살은 투명, 바람은 말할 수 없이 부드럽다. 가로등이 하나 둘 눈을 뜰 때쯤 자리를 털고 일어났다.

언덕을 걸어내려와 시장을 구경했다. 지나가다 문득 한국식 메뉴를 본 것 같아 재빨리 돌아가보니 중국식당이었다. 볶음밥 백 그램 얼마, 닭고기 백 그램에 얼마, 이런 식으로 음식을 팔았다. 무엇을 먹을까 궁리하며 머리를 굴리다 문득 옆을 보니 나와 비슷한 자세로 음식을 고르던 파란 눈을 한 젊은 여자와 눈이 마주친다. 도둑놈들이 서로 검은 뱃속을 알아보듯 그렇게 마음이 통했는지 함께 빙그레 웃었다. 밥을 골라 자리에 앉는데, 예의 그 젊은 여자가 식판을 들고 와 말을 붙인다. "당신 앞자리에 앉아도 될까요? 방해하고 싶진 않지만……." 내가 왜 싫겠는가!

그녀의 이름은 소피. 프랑스에서 제일 흔한 이름이라고 한다. 프랑스에서 났지만 벨기에에서 일한다고 한다. 파리엔 출장 중이다. 덩치가 좀 큰 것만 빼면 친하게 지내고 싶을 정도로 미인이다. 난 서울이라는 곳에 사는데, 사람이 너무 많고 공기도 안 좋아 언젠간 시골에 내려가 살고 싶다고 했더니 자기도 그렇단다. 파리 역시 너무 오염이 심해 피부에 스트레스가 많다나. 그냥 별 생각 없이 "그래도 네 얼굴은 맑고 예쁘기만 하다"고 했더니, 참내 좋아서 어쩔 줄 모르는 것이었다. 좋아 죽겠다는 표정이다. 밥을 몇 숟가락 뜨더니 킬킬 웃고, 눈치를 살피듯 눈을 크게 뜨고는 미안한 표정으로 "I'm Sorry"라고 하고는 다시 웃고, 그렇게 한 열 번을 웃는 것이다. 참 여자들이라니, 동양이건 서양이건 예쁘다는 말에 저리 약할 수가. 물론 당연히 기분이야 좋겠지만 말이다.

  그녀의 숙소인 호텔 앞까지 걸었다. 비가 내렸다. 나는 우산이 있었지만 쓰지 않았다. 보슬비였고 그냥 우산을 꺼내고 싶지 않았기 때문이다. 이메일을 교환하고 전화번호도 적어주고 악수를 하고 헤어졌다. 가다 힐끗 돌아보니 그 자리에 서서 손을 흔들고 있었다. 그 모습이 눈에 선하다.

그대의 길을 가라
:: 엑상프로방스의 폴 세잔

불행히도 아를에서 엑상프로방스 가는 버스를 놓쳐버렸다. 내 탓이 아니었다. 정해진 차 시간에 버스가 도착하지 않았으니까. 하는 수 없이 마르세유를 거쳐 엑스로 가는 기차표를 끊었다. 마르세유 역은 공사 중이었고 위장복에 기관단총으로 무장한 군인들이 유난히 많이 눈에 띄었다. 마르세유-엑상프로방스 구간 기차는 거의 한 시간에 한 대꼴로, 자주 있는 편이다. 세잔도 이 기차를 타고 마르세유를 오갔을 것이다. 엑스 역에 내려 큰길을 왼쪽으로 꺾어 돌아가면 관광안내소가 나온다. 배가 고파 광장 노점에서 프랑스식 샌드위치와 콜라를 사서 배를 채웠다. 물가가 워낙 비싸니 점심을 '먹어본' 적이 거의 없다. 그저 먹을 것을 뱃속에 채워넣고 원기를 회복할 따름이었다.

엑상프로방스의 햇살은 따가웠다. 그늘진 곳으로 자리를 옮겨 지나가는 사람들을 멀거니 바라보았다. 저 건너편에서 4번 버스를 타면 시 외곽의 유스호스텔이 나온다. 5년 전에 거기에서 H를 만났었는데. 둘이서 무거운 배낭을 메고 (그녀는 끌고) 시내를 배회하던 기억이 떠올랐다. 그때는 테러 위험 때문에 어디서도 짐을 맡아주려 하지 않았다. 퐁텐블로에 갔을 때도 배낭을 받아줄 듯 말 듯, 선심을 쓸 듯 말 듯하다 결국 안 되겠다고 배낭을 돌려주던 역 직원 때문에 울화통이 터졌는데 여기서도 그랬다. 생각 끝에 배낭을 메고 경찰서에 찾아갔다. 관공서에서는 혹시 맡아주지 않을까 기대를 걸었지만 웬걸! 경찰관은 이곳 범죄자들의 특기가 뭐라고 한참 훈계를 늘어놓고는 그놈들을 각별히 조심해야 한다고 근엄하게 경고를 하는 것이었다. 그건 좋다, 그런데 배낭은? 그건 그냥 들고 가라는 게 아닌가. 정말 빌어먹을 놈이다. 그렇게 둘이서 온갖 욕을 해대며 세잔의 아틀리에를 찾아갔었다.

그늘에 앉아 생각해보니 슬며시 웃음이 나왔다. 페터 한트케의 『세잔의 산을 찾아서』를 번역한 이는 '세잔의 산'인 생트 빅투아르 St. Victoire 산 이곳저곳을 걷고 이 마을 저 마을을 찾아다니며 사진을 찍었다고 한다. 애초에 원서에는 빈약한 사진 몇 장뿐이었지만 번역본엔 옮긴이가 직접 찍은 훌륭한 사진이 가득하다. 회사 인트라넷 게시판에서 그 이야기를 읽고 '그 다음엔 나'라고 생각했었고 그래서 지금 여기 이 자리에 앉아 있는 것이다.

먹을 걸 다 먹었으니 이젠 정보를 얻어들어야 한다. 관광안내소에 들어가 세잔이 매일 그림을 그리러 다녔다는 '세잔의 길'이 어디 있는지 물어보았다. 놀라운 소식이었다. 그것도 희소식이었다. 충분히 걸어갈 수 있다는 것이다. 전에 왔을 때 투어 요금이 너무 비싸 아예 엄두도 못 내고 포기

엑상프로방스에 있는 세잔 아틀리에는 꽤 높은 언덕 위에 있다. 세잔이 직접 설계해 죽을 때까지 이용했다. 그가 쓰던 이젤과 가구는 물론이고 싱 싱한 꽃, 과일들이 방문객들을 맞는다.

해버렸는데 걸어서도 갈 수 있는 거리라니. 냉큼 지도를 받아들고 시장으로 갔다. 몇 시간 걷는 동안 필요한 먹을 것들을 사야 한다. 물과 빵, 포도와 사과, 그리고 초콜릿 등속을 사서 가방 안에 쑤셔넣었다.

스페인 북서쪽 끝에 산티아고 데 콤포스텔라Santiago de Compostela라는 도시가 있다. 중세 때부터 사람들은 천 년 동안이나 스페인과 프랑스의 자연 국경선인 피레네 산을 넘고 스페인 북부 나바라와 바스크, 아스투리아스 지방을 지나 갈리시아의 산티아고까지 걸었다. 젊은이라 해도 완주하자면 꼬박 석 달이 걸리는 이 멀고 험한 길을, 지금보다 훨씬 더 거칠고 위험하며 고달픈 순례길을 천 년이나 걸어온 사람들. 사람의 믿음과 신앙의 열정이란 가끔 불가사의하다. 두 발을 땅에 붙이고 걷는다는 행위는 물론 어딘가 도달하기 위한 것이지만 때로는 도착보다 걷는 것 자체가 꿈이고 열망이며 수련의 한 과정이기도 하다.

사람들은 왜 그토록 먼 길을 걸었을까? 중세엔 죄 지은 자가 산티아고의 길을 완주한 다음 징표를 내 보여 죄 사함을 받고, 성인의 유해를 참배하는 성유물의 전통이 뿌리 깊었기에 그랬다고 하지만, 오늘날에도 수천 명의 사람들이 그 길을 걷고 또 걷는다. 걷는다는 것은 '따른다'는 행위와 닮았다. '산티아고의 길'을 걷는 사람들은 성 야고보(스페인어로 산티아고)를 따르는 것이고 내가 세잔의 길을 걸어 생트 빅투아르 산을 보러 가는 것은 세잔의 생애에 감정이입되었기 때문이다.

생트 빅투아르 산은 차라리 세잔의 산이라고 불러야 하지 않을까. 멀리서 보아도 눈부시게 빛을 발하는, 주름져 굽이치며 닭볏 모양으로 당당히

세잔의 생트 빅투아르 산. 1885년, 1887년, 1897년 작품으로 산은 점차 입체감이 사라져 가고 단순해진다.

폴 세잔, 「앙브루아즈 볼라르의 초상」, 캔버스에 유채, 100×82cm, 1899

세잔은 볼라르를 115번이나 의자에 앉혀두었으나 그림을 완성하지 못했다. 볼라르가 졸음을 참지 못하고 의자에서 굴러 떨어지자 "사과가 움직이는 걸 봤소?"라고 소리를 질렀다.

자리 잡은 석회암으로 이루어진 바위산을 세잔은 20년이나 그렸다. 예술가의 천재성이란 재능이라는 편리한 단어만으로 설명해낼 수 없다. 삶의 막바지에 자신의 생애를 결산하는 걸작을 내놓는 예술가들의 노고에는 재능이라기보다는 차라리 장인정신과 성실성, 신앙과도 같은 헌신이 더 큰 몫을 차지한다. 정물화 한 점을 그리기 위해 백 번이나 붓을 잡고, 초상화 한 점을 그리기 위해 모델(화상 앙브루아즈 볼라르Ambroise Vollard)을 115번이나 앉혀놓은 이 사람은 죽기 한 달 전에도 이렇게 고백한다. "나는 아직도 자연으로부터 배우고 있으며 서서히 진전되는 것을 느낀다." 마치 반 고흐가 예술이란 끊임없이 나아가는 것이고 자신이 '좀더 멀리' 나아가지 않으면 안 된다고 말했듯이 말이다.

관광안내소에서 받은 손바닥만 한 지도에 세잔의 길이 그려져 있었다. 그 길을 죽 걸어가면 세잔이 어린 시절을 보낸 톨로네 마을이 나온다. 그 마을에서 보이는 것은 산의 한쪽 면일 따름이고 거기에서도 한참을 더 걸어야 얼추 산의 전체 모습을 가늠할 수 있을 것이다. 얼마나 걸어야 할지 나로서는 알 수도 없다. 그래서 사람들은 비싼 투어 버스로 산을 한 바퀴 빙 둘러보는 것이겠지. 세잔은 왜 그토록 이 산에 매달렸을까? 그는 심지어 이 산을 '그려야 했기에' 어머니의 장례식조차 참석하지 않았던 사람이다.

세월이란 그저 흘러가는 바람이나 강물과는 다른 것이다. 그것은 주위의 모든 것을 뒤바꿔놓고 새로운 의미를 부여하고 선명했던 것들을 흐릿하게 뭉개버린다. 오규원 선생은 세잔이 이십 년 동안 생트 빅투아르를 그린 게 아니라 (생트 빅투아르를) '살았다'고 말한다. 이 말은 "그러므로 풍경은 내 속에서 자기 자신을 사유하는 것이며 내 자신은 풍경의 의식이다"라고 한 세잔의 예술관과 동일하다.

초기에 세잔은 약탈과 살인 등을 소재로 한 격렬한 그림을 그렸다. 나약하고 우유부단하며 평생 정신불안에 시달렸던 그의 억압된 자아가 공격적으로 표출된 것일까. 하지만 피사로의 영향으로 바로크적인 역동성을 버리고 인상주의에 접근해갔다. 넓은 색면은 점차 좁아졌고 붓터치는 짧고 촘촘해졌다. 하지만 인상주의를 받아들임으로써 세잔의 근본적인 회의가 시작된다. 인상주의자들은 빛의 스펙트럼에서 단지 일곱 색만을 사용해 그것을 화면에 병치함으로써 약동하는 색채를 얻어낼 수 있었다. 그들은

폴 세잔, 「온실 속의 세잔 부인」, 캔버스에 유채, 92×73cm, 1890년경, 메트로폴리탄 미술관, 뉴욕

또한 흘러가는 바람과 내리쬐는 햇빛, 구름과 비와 안개를 화폭에 끌어들였다. 그것들은 서로 뒤섞여 경계를 흐릿하게 하고 우리가 관습적으로 알고 있던 사물의 형태와 빛깔을 의심하게 한다. 하지만 고유색이 사라지고 실체가 아닌 상호작용만 묘사된 곳에서 어떻게 자연의 참모습을 찾을 수 있단 말인가? 세잔은 일곱 색이 아니라 열여덟 색을 사용해 자연을 재현하려 했고 인상주의자들의 흐릿한 대기의 배후에 있을 진정한 실체를 찾으려 했다. 그는 인상주의의 미학을 포기하지 않은 채 대상 그 자체로 돌아가기를 원했던 것이다.

그의 부인의 말에 따르면 세잔은 우선 눈을 크게 뜬 채로 시골 풍경에서 발아하는 모든 것을 바라보았다고 한다. 그리고 서서히 드러나는 유기체로서 풍경의 전체 구조를 포착했다. 그는 이러한 모든 세부를 접합시켜 풍부한 리얼리티로 재현해야 했다. 이러한 과정에서 그림은 어느 한순간 갑자기 완성되는 것이다. 볼라르를 무려 115번이나 앉혀놓고도 그림을 완성하지 못한 것은 아마도 그림은 결코 자연의 모방이 아니며 그 자체가 자연의 진정한 실체를 파악하기 위한 과정에 불과하다는 세잔의 신념을 입증하는 것인지도 모르겠다.

세잔은 자연의 본질을 기하학적인 도형들, 즉 원뿔, 원통, 구로 환원시킬 수 있다고 믿었다. 그리하여 화면은 더욱 간결해지고 화면 속의 모듈은 조화롭게 공존하는 듯 보인다. 정물 역시 전통적인 원근법을 무시하고 다양한 시점을 보여주고 있으며, 색채는 형상에서 벗어나 그 자체의 영역을 확보해나감으로써 현대미술의 주요한 양상을 선구적으로 보여준다. 하지만 자연의 본질이 기하학적인 요소로 구성되어 있다는 그의 생각이 옳은

지는 모르겠다. 저 우뚝한 산과 씩씩하게 치솟은 미루나무, 유연하게 흘러가는 강줄기, 평온하게 기지개 켜는 들판과 풀과 꽃들은 통분해버릴 수 없는 빛깔과 형상, 향취로 당당하다. 자연은 이런 다양한 개성의 어울림이고 질서가 아닌가. 세잔조차도 말년에 이르기까지 자신이 그토록 오랫동안 추구했던 목표에 정말 도달할 수 있을지 회의를 품었다.

에밀 베르나르나 메리 커셋 같은 동료 화가들은 세잔의 첫인상을 '농부 같은' 무뚝뚝한 사내라 전한다. 하지만 세잔은 매우 수줍고 연약한 사람이었다. 종교적인 이유, 그리고 시골 마을의 눈이 두려워 누드모델조차 쓰지 않았을 정도였다. 그는 내가 걷는 이 길을 걸으며 단지 그림을 그렸을 뿐이다. 세잔을 오랫동안 숭배해왔던 에밀 베르나르가 우여곡절 끝에 세잔을 찾아 마침내 그의 '노스승'에게 수줍게 인사를 건넸을 때("실례지만 세잔 씨입니까?") 세잔은 조금 어리둥절해한다. 베르나르가 자신도 화가라고 하자 겸손한 태도로 "그럼 당신은 우리 동료시구면"이라고 말할 뿐이었다. 그 유명한 화상 앙부르아즈 볼라르는 이 두 사람의 만남에 양념을 쳐서 더 극적으로 묘사하고 있지만 그건 허풍일 것이다. 세잔이 베르나르를 만나자마자 자연은 원뿔과 구, 원추라는 기하학적 요소로 구성되어 있다고 한참 설교를 늘어놓았다는 것이다.

세잔의 생애에서 가장 인상적이었던 점은, 이 고집스러운 프로방스인이 자신이 믿는 것을 구현하기 위해 단호하게 단지 그림을 그렸을 뿐이라는 점이다. 루오가 말했듯이 "어설픈 예술가가 되느니 차라리 장인이 되는 것이 낫다"고 생각했는지도 모르겠다. 그는 또한 천성적으로 불안과 의심, 회의에 사로잡힌 사람이었다. 에밀 졸라와 베르나르 같은 가까운 지인

만년의 세잔. 그는 아내와 아들로부터 멀리 떨어진 채로 외로이 숨을 거두었다. 죽기 3년 전에 볼라르에게 보낸 편지엔 자신의 그림이 고통스럽고 더디게 나아가고 있다고, 예술이란 정신과 육체에 성직자처럼 헌신하는 행위라고 썼다.

들까지도 그의 정신 이상을 의심했을 정도였다. 이런 증상은 해가 갈수록 심해졌으며 그는 결국 고향 엑스에 은둔해 죽을 때까지 자신이 얻으려 했던 자연의 참모습을 탐구했다. 그러한 성실성과 헌신, 철학적 탐구에 나는 늘 매료된다. 세잔의 철학과 그림을 이해하기란 쉽지 않다. 그러니 사랑하기란 더욱더 어렵다. 감동할 수도 없다. 거기엔 인간이 없고, 우리를 격동시키는 불같은 정열과 복잡한 인간사 갈피갈피에서 피어올라 우리의 가슴을 뒤흔드는 이야기도 없다. 그의 인물들은 핏줄이 흐르는 인간이 아니라

눈이 덮이지 않은 하얀 산은 처음 보았다. 엑상프로방스 시내에서 표지판을 따라 두 시간쯤 걸어가노라면 저 멀리 신기루처럼 당당한 산이 나타난다.

단지 거기 존재하는 냉담한 자연물에 불과해서 그의 유별난 은둔자적 성격과 도피를 증언하는 것이 아닐까 싶기까지 하다. 당신은 그의 예술의 핵심이 아니라 부차적인 요소들에 집착하고 있을 뿐이라고 해도 할 말은 없다. 그렇다면 나는 지금 이 길을 걷듯 천천히 그의 그림을 뚫고 들어가 그 배면에 놓인 회화의 지질학과 논리학을 이해하겠노라고, 언젠가 그런 날이 오리라 믿는다고 답하겠다.

잠시 길가에 놓인 벤치에 앉아 미리 가방 안에 쑤셔넣었던 먹을 것들을 꺼냈다. 기분 좋게 땀이 흐르고 바람이 소나무 가지를 뒤흔들어놓는다. 세잔은 멀리 생트 빅투아르 산을 그리고, 전경에 가지를 팔처럼 늘어뜨린 소나무를 그려넣었다. 그렇게 하여 화면에 깊이를 부여했던 것이다. 그 소나무들은 바람을 안고 있으며 바람은 화면에 역동적인 기운을 불어넣는다. 중학교 때 배웠던 크리스티나 로제티의 영시 한 구절이 생각났다. "누가 바람을 보았나요? 나도 아니고 당신도 아닙니다. 그러나 나뭇가지가 흔들리고 있을 때 거기 바람이 지나가고 있는 거랍니다."

그렇게 소나무는 흔들리고 바늘 같은 잎이 벤치에 우수수 떨어진다. 마치 세잔을 흉내 내기라도 하듯 모자를 쓰고 커다란 배낭을 멘 사람이 지나간다. 지팡이를 짚었다. 물끄러미 바라보고 있었더니 그는 빙긋 웃으며 인사를 건넨다. 아, 나도 그렇게 누군가와 눈이 마주친다면 먼저 인사를 해야지,라고는 생각했지만 한 번도 그래본 적이 없다. 소나무가 많아서일까? 지금 나는 프로방스에 와 있는 게 아니라 우리나라 땅 어디쯤 와 있는 느낌이다. 자리를 털고 일어나 꺾인 길을 돌아 언덕을 올라섰다. 저 멀리에 눈부시게 흰빛을 뿜어내는 산 하나가 마치 오랫동안 거기에서 기다려왔다는 듯이 모습을 드러냈다.

1937년 4월, 우리를 기억해다오
:: 게르니카, 선량한 사람들의 죽음

1937년 4월 26일 월요일, 그날은 마침 마을 장날이었다. 인근 농부들은 자신들이 기르고 만들어낸 물건들을 내놓고 필요한 것들을 장만하기 위해 삼삼오오 장터로 모여들었다. 전쟁의 불길이 이미 이베리아 반도 전체를 바짝바짝 태우고 있었지만 전선에서 수십 킬로미터 떨어진 이 작고 평화로운 바스크 마을은 평온하기만 했다. 사람들의 왕래가 가장 빈번한 오후 네시 삼십분, 갑자기 산타마리아 교회의 종이 몸서리치듯 요란하게 울었다. 장터에 모여 있던 3000여 명의 농부들은 화들짝 놀라 황급히 몸을 피하기 시작했다. 5분 후, 나치의 콘도르 여단 소속의 융커 폭격기와 하인켈 전투기가 죽음의 사신인 양 그르렁대며 수백 톤의 폭탄을 떨어뜨리기 시작했다. 폭격기와 비행기들은 5분, 10분 단위로 나타나 불길을 토해냈고 마을은 조직적으로 파괴되었다. 자존심 강한 바스크인들의 자랑이자 바스크 민주주의의 상징인 이 마을은, 이 끝에서 저 끝까지 불길에 휩

게르니카의 비극을 전하는 파리 수아르 지 기사. 피카소와 친구 사이였던 시인 루이 아라공이 편집을 맡은 신문이었다.

싸여 16킬로미터나 떨어진 산 위 구름에까지 불그림자가 비춰 보일 정도였다. 대량학살을 간신히 모면한 사람들은 비명을 지르며 근처 들판으로 달아났지만, 나치의 전투기들은 이 무력하기만 한 노인들과 아이들, 여자들, 가축들을 뒤쫓아 총탄을 퍼부었다. 세 시간여에 걸친 폭탄 세례 끝에 1654명이 죽고 889명이 다쳤으며, 카스티야어로는 '게르니카 Guernika'라 하고 바스크인들은 '게어니카 Gernika'라고 하는 이 마을에서 멀쩡한 건물은 단 한 채뿐이었다.

빌바오에서 가장 유명한 구경거리인 구겐하임 현대미술관은 너무 많이 보아온 터라 별다른 느낌이 없었다. 물고기 비늘 같은 티타늄판을 덧댄 건물의 표면은 사진에서 보던 것과는 달리, 맑은 하늘 화사한 햇살 아래에서 꽤나 경쾌해 보인다. 프랭크 개리 Frank Gehry의 설계안을 보면 이 건물은 마치 물에 뜬 전함 같기도 하고 날아오르기 전에 날개를 가지런히 정돈한 새 같기도 하다. 어찌 보면 각 모듈을 무질서하게 쌓아올려 지나치게 무거워 보이고 과시하듯 으스대는 듯도 하다. 또 한편 건물 주위를 돌며 다른 각도에서 보면 마치 패션쇼를 하는 모델이 리드미컬하게 움직이다 겉옷을 활짝 펼친 상태에서 멈춘 듯 (옷자락이) 팔랑거리는 듯한 느낌도 준다. 움직임, 변화, 시점의 다양함, 부분과 전체의 미묘한 긴장감. 이 건물을 입체주의 회화의 건축 버전, 입체주의 건축이라고 하는 이유를 알 것 같다.

게르니카로 가는 버스는 빌바오 버스터미널 바깥쪽 대로변에서 출발한다. 터미널에는 마드리드, 부르고스 등 스페인의 대도시로 떠나는 버스들이 대기하고 있고 게르니카처럼 멀지 않은 교외 지역으로 가는 버스는 그냥 길에 서 있다가 시간이 되면 떠난다. 알아들을 수 없는 말로 손짓을 해대는 터미널 직원이 가리키는 곳을 어림해 터미널 오른편으로 돌아가봤지만 버스를 찾을 수 없었다. 게다가 가르쳐주는 사람마다 각기 다른 답을 하니 돌아버릴 지경이다. 어떤 사람은 이리로, 또 어떤 사람은 저리로 가라 한다. 배낭은 무거워 죽겠는데 머릿속이 부글부글 끓어오르는 것 같다. 그냥 여기서 자고 내일 일찍 갈까 싶은 생각까지 들었는데 게르니카에 산다는 어느 할머니를 만났다.

차는 빌바오 외곽을 지나 게르니카로 향한다. 차창 너머로 푸른 잔디 경기장, 공원에서 뜀박질하는 사람, 바스크 지방에서 흔히 볼 수 있는 농가가 보인다. 평화로운 풍경이다. 버스는 산골을 휘휘 돌며 이 마을 저 마을을 들러 사람들을 태우고 내려놓는다. 배낭에서 여자친구가 싸준 육

구겐하임 미술관의 다양한 표정들. 빌바오 사람들은 전통적인 생업이던 광산업이 쇠퇴하자 현명하게도 현대미술관을 유치했다. 프랭크 게리의 이 독특한 건축물을 구경오는 사람만 연간 수백 만에 이른다.

 포를 꺼내 우걱우걱 씹어먹었다. 지금쯤 죽어라 교정을 보고 있을 텐데 생각하니 죄 지은 양 미안하다. 여행이 아니라면 이런 걸 먹어볼 일이 있을까 싶기도 했지만 생각보다 맛이 있었고 말린 소고기라 포만감까지 생겼다. 그렇게 한 30~40분을 갔을까, 사람들이 모두 내릴 준비를 한다. 게르니카에 온 모양이다.
 마을 초입의 첫인상은 가난하고 작은 시골마을, 하지만 조금 더 걸어 마을 안쪽으로 들어가면 확 달라 보인다. 깨끗하고 잘 정돈되어 있으며 아기자기하다. 표지판을 따라 가니 여행안내소가 나왔다. 예쁜 바스크 여자 셋이 앉아 여행객들에게 지도를 건네고 질문에 답을 하고 있었다. 가이드북

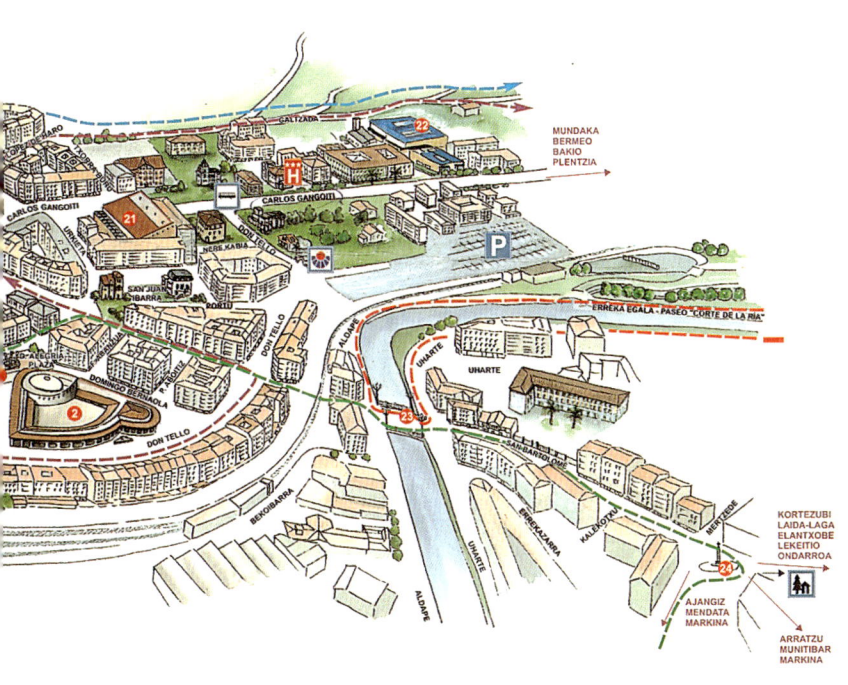

에 나와 있는 펜션을 찾으니 거긴 비싸니까 '여길 가보라'고 지도에 동그라미를 쳐준다. 아하 그렇군. 고마운 마음으로 그녀가 동그라미를 쳐준 집을 찾아가보았다. 욕실이 딸린 깨끗한 펜션이었는데 놀랍게도 하룻밤 숙박비가 겨우 18유로밖에 하지 않았다. 주인은 오로지 스페인어만 할 줄 아는 사람. 카스티야어도 아닌 것 같고 바스크어인 것 같다. 말을 알아듣는 척했지만 마음속으로 짐작만 할 뿐이었다. 숙박비는 얼마고 몇시까지 들어와야 하고 체크인은 몇시다, 아마 이런 것일 테고 그렇다면 그저 '상식적으로' 행동하면 된다.

마을 한복판에 있는 시장에서 포도 한 송이와 사과를 샀다. 친구가 잠깐

바스크인들의 자랑이자 바스크 민주주의의 상징인 참나무(위)와 평화박물관의 아름다운 스테인드글라스.

귀국했을 때 사다준 영어판 가이드북에는 마을 한복판에 훌륭한 시장이 있다고 씌어 있는데 이곳이 바로 그곳일까? 폭격에 애꿎은 사람들이 죽어 나갔던……. 사과 한 알과 포도 반 킬로그램을 달라고 했다. 이것들을 저울에 올려놓으면 계산할 금액이 유로화로 소수점 이하 단위까지 표시된다. 과일을 깨물어 먹으며 동네를 둘러보았다. 70년 전 일이니 전쟁의 흔적은 물론 남아 있지 않지만 이곳 사람들은 아담한 평화 박물관을 만들어 그날의 일을 되새기고 있다. 박물관 1층과 2층 사이 벽에 아름다운 스테인드글라스가 빛을 내뿜고 있었다. 바스크의 역사를 상징화한 그림이다.

바스크 사람들이 어디서 왔는지, 이 특이한 언어의 기원이 무엇인지 알 수는 없다. 로마인과 무어인들이 이 지역을 점령했을 때도 이미 바스크인들은 비스케이 만이 내려다보이는 산간 마을에서 수천 년을 살아오고 있었다. 이들은 단 한 번도 독립국인 적이 없었지만 지금까지도 홀로서기를 단념하지 않고 있다. 16세기 초 아라곤 왕자 페르난도와 카스티야의 왕녀 이사벨이 이베리아 반도 전역을 통일하고 바스크 지방까지 접수했을 때도 스페인의 왕은 바스크인들의 오래된 관습이자 법률인 푸에로스를 준수하겠다는 서약을 해야 했다. 수백 년 동안 바스크의 입법회의는 게르니카의 상징인 커다란 참나무 아래에 모여 각종 법률을 제정하고 그 옆에 입법의회 건물을 세웠던 것이다.

아름다운 빛을 내뿜는 스테인드글라스를 찍기 위해 무심코 카메라를 꺼내려다보니 감시 카메라가 설치되어 있다는 박물관 직원의 말이 떠올랐다. 게다가 나는 "사진 찍어도 되냐"는 바보 같은 질문까지 해버렸다. 그딴 질문을 안 했다면 찍다 걸려도 "몰랐다"고 하면 그만인데. 그래도 안

찍을 순 없지. 과감하게 셔터를 눌렀는데 아니나 다를까 득달같이 직원이 뛰어올라왔다.

 게르니카 사람들은 자신들이 겪었던 불행을 보편적인 평화의 호소로 승화시켜놓았다. 비명에 죽어간 마틴 루서 킹, 간디, 장 조레스 같은 사람들의 모습이 보이고 가난한 사람들과 굶주리는 이들, 그들의 자식들인 전장의 병사들의 가슴 아픈 모습이 보인다. 평화란 무엇일까? 전쟁과 다툼이 없는 짧은 막간, 어디에선가 조용히 또다른 전쟁을 준비하는 시간, 간디는 이렇게 말했다.

 이 고통받는 세계에 비폭력이라는 좁고 곧은 길 외에 다른 희망은 없다. 나와 같은 수백만 명이 평생 동안 이 진리를 증명하는 데 실패할지도 모른다. 그러나 그것은 그들의 실패일 뿐 절대 이 영원한 법칙의 오류는 아니다.

 그런데 이곳 바스크 분리주의자들의 테러는 어떻게 이해해야 할까?
 1931년에 수립된 스페인 공화국하에서 카탈루냐와 바스크 주는 독자 정부를 가지고 있었다. 하지만 내전이 프랑코의 승리로 끝나면서 그들의 독립도 무참히 짓밟혔다. 모든 공적 활동이 카스티야어로만 이루어졌고, 고유 언어는 불허되었다. 공공장소에서는 고유어를 썼다는 이유만으로도 체포될 수 있었다. 그로 인해 카스티야 중심의 스페인에 저항하는 민족 정서가 심화되었다. 1975년 프랑코의 사망으로 독립의 꿈이 부풀었지만 새 헌법은 여전히 바스크 주와 카탈루냐가 에스파냐의 일부로 남아야 한다고 명시했다. 그러자 바스크 주 인구의 약 65퍼센트가 헌법 국민투표를 거부했다. 보수적인 바스크 민족당과 다른 길을 걷는 반파시스트 게릴라 조직인 ETA는 독립을 위한 무장투쟁에 나섰다. 그들은 바스크인들에게서는 약 10퍼센트 정도의 미약한 지지라도 받았지만 스페인 나머지 지역의 노동자 운동과 좌익으로부터는 철저하게 유리되었다. 사회당과 보수당이 이끌어온 역대 정부는 지속적으로 억압의 강도를 높여갔다. 그들이 직면한 억압이 커지면 커질수록 ETA의 수단도 폭력적으로 변해갔다. 이것이 바스크 분리주의 테러의 배경이다. 얼마 전 스페인 의회는 카탈루냐 주를 하나의 국가로 인정했다. 카탈루냐가 실질적 독립국가로 탄생할 날이 멀지 않은 것 같다. 바스크인들의 독립에 대한 열망과 요구도 당연히 거세질 것이다.

스페인 내전 때 프랑코의 반란군이 밀려들었던 빌바오에 모인, 전쟁을 반대하는 수십만 명의 시위대를 찍은 사진을 보고 등을 돌리면 작은 방으로 들어가는 문이 있다. 일단 방에 들어서면 자동으로 문이 닫히고 희미한 전등이 불을 밝힌다. 그날, 이곳에 살았던 누군가의 방. 내레이터는 70여 년 전 무슨 일이 있었는지 낯선 이방인에게 전한다. 시계 초침 소리가 두려울 만큼 뚜렷이 들리고 독일 전투기들의 굉음과 사람들의 비명 소리가 들린다. 맞은편 유리벽 너머엔 폭격으로 부서진 돌더미와 나무 기둥 등 전쟁의 부산물들이 쌓여 있다. 비극의 드라마가 끝나면 다시 실내엔 환히 불이 들어오고 옆방으로 가는 문이 스르르 열린다. 피카소의 〈게르니카〉를 주요한 몇 개의 부분으로 나누어 겹쳐서 보면 다시 전체를 볼 수 있게 해

놓은 유리벽이 인상적이고, 독일인들이 쏟아놓은 폭탄과 권총, 당시 스페인 공화국 정부가 제작한 포스터들이 잘 전시되어 있었다.

 프랑스 국경에 인접한, 비가 많이 내리는 이 산간 지방에 프랑코가 욕심을 낸 것은 풍부한 지하자원 때문이었다. 군수품을 생산하는 데 유용한 이런 광물들은 공화국 정부에게도 매우 중요했다. 게다가 프랑코는 바스크인들의 자존심과 독립심을 유난히 혐오했다고 한다. 게다가 민주주의의 상징과도 같은 이 마을을 짓밟았다는 것은 스페인 내전의 성격을 압축해 드러내는 것이기도 하다. 박물관을 나와 게르니카의 전설적인 입법의회의 참나무와 의회 건물, 산타마리아 교회, 그리고 조각공원을 둘러보았다. 이 공원엔 헨리 무어, 그리고 바스크가 낳은 세계적인 조각가인 에두아르도 칠리다의 조각이 있다.

 이 마을 사람들이 그 옛날의 어두운 기억을 이제 어떻게 '기억'하는지

 나로서는 알 수 없는 일이다. 하지만 이렇게 단아한 평화 박물관과 평화를 연구하는 아카데미를 만들고, 멀쩡한 건물은 오직 단 한 채뿐이었던 폐허에서 이리도 아름다운 마을을 일구어내어 살아가는 사람들이 부럽기만 하다. 그날, 끔찍한 일을 겪은 사람들은 방공호에서 나와 아무도 울지 않았고, 모두 무감각한 채로 폐허가 된 마을을 멍하니 쳐다보기만 했을 뿐, 대체 무슨 일이 벌어졌는지 전혀 실감하지 못했다고 한다. 너무나 놀라운 일이 닥치면 아무 말도 할 수 없는 때가 있는 것이다.

 여기 게르니카의 아이들은 놀이터에서 천진하게 뛰어놀고 사람들은 평화롭고 태평해 보인다. 프랑코의 살육전을 기억하고 그 흔적들을 기웃거리는 건 나 같은 관광객들뿐이다. 귀국한 뒤, 지금의 스페인인들은 프랑코와 당시 스페인의 가톨릭 세력, 왕당파 등이 저지른 끔찍한 짓거리에 대해 별 관심이 없다는 기사를 읽었다. 공화국 군대의 최후 방어선이었고 무려 3년간 수많은 사람들이 죽어간 격전지 마드리드에서조차 프랑코의 동상을 최근에야 철거할 수 있었다고 하니 기가 찰 뿐이다. 살아남은 우리들에게 까마득한 옛일이 그리 핍진하게 다가오지 않을 수도 있겠지만 어떤 일은 잊어버린다는 것 자체가 범죄행위일 수도 있다.

거룩한 고요
:: 산토 도밍고 데 실로스의 저녁기도

　　어렸을 때 고향 마을엔 교회가 없었다. 마을 사람들은 제사를 지어 올려 조상님의 음덕을 빌고 굿을 함으로써 혹시나 있을지도 모를 재앙을 피하고 신의 뜻을 알고 싶어했다. 어느 여름날 예수를 믿는 젊은 남녀 한 떼가 마을에 나타났다. 그들은 서투르게나마 〈돌아온 탕자〉 따위의 연극을 올리고 조무래기 꼬마들에게 예수님의 행적 따위를 들려주었다. 아마 사람들에겐 그것 또한 한판의 재미난 굿을 구경하는 기분이 아니었을까 싶다. 그 젊은이들은 방학을 맞아 텅 빈 학교에서 지내며 각종 프로그램을 운영했다. 노아의 방주며 돌아온 탕자 이야기를 듣고 노래를 배우던 날, 밤길의 평화로움을 나는 지금도 잊지 못한다. 학교에서 집으로 돌아오는 길엔 커다란 나무들이 수상하게 서 있고 얼기설기 금줄을 둘러친 서낭당이 있었다. 항상 그곳을 지날 때마다 어찌나 무섭던지 눈 딱 감고 달음질을 쳐서 목덜미에 닿을 것만 같던 무언가를 피해 달아나려 했다. 하지만 그날은 여느 때와 전혀 달랐다. 아무런 두려움도, 저어함도 없었다. 뛰어 달아나지도 않았다. 내 조그마한 어린 심장에 충만하던 평온함과 누군가 나를 지켜주는 듯한 안온함을 나는 지금도 또렷이 기억하고 있다. 놀랄 만큼 또렷이. 그후 오랫동안 신앙생활을 해왔지만 그때만큼 강렬한 체험을 해본 적은 거의 없다. 물론 내가 좋아하는 시편을 읽고 묵상할 때면 '은총'을 느끼기도 한다. 마음은 명경지수처럼 맑아지고, 나를 괴롭히던 온갖 문제들이 티끌처럼 사소하게 느껴져 내일이면 다시 용기 있게, 갓 태어난 어린아이처럼 신선한 감각으로 힘차게 발을 내디딜 수 있을 것만 같다. 하지만 어린 시절 체험했던 그 '신비함'과는 비교할 수도 없다.

니코스 카잔차키스의 어떤 책엔 이런 대목이 나온다. 신이 무엇이냐고 묻자 한 아랍인은 이렇게 대답했다고 한다. "아!"라고. 놀랍다. 마술사의 손길이 닿아 뜻하지 않은 곳에 꽃이 피어나듯 이 남루한 지상의 보잘것없는 것들도 어느 날, 어느 순간엔 무궁한 아름다움으로 빛난다. 괴테의 말처럼 햇빛 속에서는 먼지조차도 빛난다. 그렇게 세상이 빛나 보일 때, 늘상 중력의 법칙에 휘둘려 자신을 가누지 못하던 어느 순간 지각이 정화되어 내 안의 놀라운 평화를 발견할 때, 나는 신이 임재함을 느낀다. 그럴 땐 단지 아! 하고 외마디 소리를 외칠 수밖에 없을 것이다.

빌바오에서 두 시간여를 달려 부르고스에 내렸다. 내가 가려는 곳은 산토 도밍고 데 실로스Santo Domingo de Silos. 카스티야 레온 출신인 성 도미니쿠스(산토 도밍고)가 이곳에 수도원을 세웠는데, 내가 즐겨 듣던 칸토 그레고리아노(그레고리안 성가) 음반 중 하나가 바로 이 수도원의 수사들이 부른 것이다. 운 좋게도 하루에 딱 한 대 있는 실로스 행 버스는 15분 후에 출발한다고 했다.

차는 스페인 북부 카스티야 지방의 전원지대를 달린다. 들판에서 눈을 뗄 수가 없다. 마치 자를 대고 금을 그은 듯 잘 구획된 들판, 규칙적으로 곱게 이랑 진 밭과 구릉마다 색을 달리하는 작물들. 색채의 향연이다. 강렬한 원색이 춤추는 야수파의 화폭과 달리 요동치지 않는 고운 색면들은 마치 클레의 화면 같다. 저 우아한 곡선, 세련된 색, 들판 가득한 온화한 공기, 카스티야의 농부들은 대지예술이라는 개념 없이도 대지에 자신들의 걸작을 가꾸어놓았다. 스페인의 농부이자 민중시인 미겔 에르난데스Miguel Hernandes를 만나고 나서 파블로 네루다는 자신의 손으로 땀 흘려 빵을 일구어본 적이 없음을 애석해하는 시를 남겼다. 그의 마음을 조금 가늠할 수 있을 것도 같다.

산토 도밍고 데 실로스에 간다고 기사에게 단단히 일러놓긴 했지만 사람들이 하나둘씩 내리고 승객이라곤 나 혼자 남으니 좀 불안하다. 기사는 잊지 않고 있다는 듯 고개를 내 쪽으로 돌려 뭐라고 말을 해댄다. 나는 거기에 맞춰 고개를 주억거린다. 마침내 어느 마을에 이르자 기사는 기세 좋게 실로스!라고 외치고 문을 열어준다. 마을은 너무나 조용했다. 거리에 나다니는 사람도 거의 없는 텅 빈 차도에 따뜻한 가을볕이 내려앉았다. 아깝기도 해라. 저 좋은 가을볕을 고스란히 버리다니. 온갖 편리한 도구들을 다 만들어내지만 저 금싸라기 같은 햇살 한 줌 모아두어 한겨울에 풀어낼 도구는 못 만들어낸단 말인가. 손바닥을 펼쳐 햇볕을 손 안 가득 쥐어본다.

버스 정류장에서 마을 광장으로 걸어 올라가자 호텔과 레스토랑이 죽 늘어서 있어 소리 소문 없이 관광객들이 많이 찾는 곳임을 짐작할 수 있었다. 가이드북에 "가족이 가업을 이어 몇 대째 호텔을 운영한다"는, 게다가 숙박비도 비싸지 않다는 호텔이 바로 눈에 띄었다. 어둑어둑한 바를 지키고 있던 어려 보이는 처녀는 어지간히도 수줍음을 탔다. 그녀를 따라 이층 방으로 올라갔다. 역시 수도원으로 유명한 마을의 호텔답게 모든 것이 고풍스럽다. 열쇠도 침대도 옷장도 의자도 중세풍이다. 짐을 풀고 배낭을 풀어헤쳐 먹을 걸 꺼내 우걱대고 있는데 예의 처녀가 올라와 계산서를 내밀었다. 계산은 내일 체크아웃할 때 하면 된단다. 나름대로 멋을 부린 서체가 박힌 계산서에 쓰인 숙박비는 그리 싸지 않았다. 미국 관광객들 입장이라면 싼 거겠지만 나 같은 배낭여행객에겐 부담스러운 금액이다. 하지만 어쩔 수 없다. 이 마을 방값은 아마 어딜 가도 거의 비슷할 거라는 생각이 들었다.

옷을 갈아입고 투어리스트 인포메이션을 찾아보았다. 관광안내소는 어느 술집 2층에 있었다. 이렇게 작은 마을에 그래도 구색을 맞춰 이런 게 있다니 기특하다 싶었는데 그곳에서 청천벽력 같은 말을 듣고야 말았다. "내일은 도밍고(일요일)라서 버스가 없다"는 것이다. 어이가 없었다. 성 도밍고 수사를 기념하는 것도 아닐 텐데 일요일이라서 운행을 안 한다니.

그럼 어떻게 하느냐고 묻자 하루를 더 자고 월요일에 떠나든지 택시를 불러야 한다는 것이었다. 궁리 끝에 부르고스보다는 조금이라도 가까운 레르마까지 요금이 얼마나 되느냐고 물었다. 기막히게도 방값보다 더 비쌌다. 웃으며 "더 좋은 다른 길이 없겠느냐"고 물었더니 "없다"는 답이 돌아왔다. 여행을 하면서 숱하게 우연의 도움을 받았지만 이번엔 운이 닿질 않는 모양이었다. 어쩔 수 없는 일이다. 이렇게 되자 가고 싶어했던 시골 마을들이 두려워지기 시작했다. 마을을 휘휘 둘러보았다. 어느 집이나 흠 하나 없이 깨끗하고 아름다웠다. 이런 여유가, 물질적, 정신적, 문화적 여유가 부러웠다. 골목골목을 다 돌아보아도 채 한 시간이 걸리지 않는 마을이었다. 그나마 위안이 되는 것은 이곳 산토 도밍고 데 실로스 수도원의 일요일 저녁 만도晩禱 시간에 그 유명한 수도사들의 그레고리안 성가를 직접 들을 수 있다는 사실이었다. 이들은 1997년에 딱 한 번 마드리드에 나타나 음반 한 장을 취입한 후 다시는 바깥출입을 하지 않았다고 한다. 남성 수도사의 목소리로 어쩌면 단조롭게, 숨도 쉬지 않는 듯, 화음이나 성부 없이 유장하게 흘러나오는 성가.

수도원 주위 숲엔 가을 단풍이 불붙어 불꽃들이 무더기로 떨어지고 있었다. 실로 적요하기 짝이 없는 풍경이다. 가만히 앉아 이 풍경 속에 녹아들어갔으면 했다. 외롭고 허했다. 들판은 곡식을 베어내 텅 비었고 그 옆 수도원의 돌담은 필요 이상으로 견고하고 높아 보였다. 이곳은 한 번 들어가면 죽기 전엔 나올 수 없다는 봉쇄수도원이다. 평생을 저 견고한 성벽 안에서 신을 만나기를 간구하며 자신을 채찍질하는 단호한 청빈의 쇳소리

를 나로서는 견딜 수 있을 것 같지 않다. 토머스 머튼의 회고록을 읽어보면 수도원의 생활은 그렇다. 이곳은 도미니쿠스 교단 수도원, 탁발교단이니만큼 더욱더 전형적인 수도원 생활을 이어갈 것이다.

  왠지 그래야 할 것 같아서 깨끗이 씻고 개중 나은 옷으로 갈아입고 만도 시간에 맞추어 성당을 찾았다. 사람들과 함께 두려운 마음으로 아주 조심스럽게 문을 열고 안에 들어섰다. 성당 안 풍경은 여느 가톨릭 성당과 크게 다르지 않다. 가톨릭의 전례를 전혀 모르는 나로서는 사람들이 성당에 들어서서 보이는 몸짓이 모두 예사롭지 않아 보인다. 이러한 규칙적이고 미리 정해진 몸의 언어와 몸의 훈련은 그것을 통해 신께 더 가까이 다가가려는 열망의 표현일 것이다. 젊은 수사 한 사람이 만도를 준비하고 곧 이

어 한 사람 한 사람 수도사들이 기도석 뒤편에서 들어와 자리를 잡았다. 스페인어로 쓰인 만도 프로그램에 따라 사람들은 일어서고, 앉고, 암송했다. 그러고 나서 수도사들은 그레고리안 성가를 부르기 시작했다. 울림이 일정한 단선율 성가는 기도석의 둥근 천장에 울려 퍼져 청중석으로 전달된다. 유럽의 유서 깊은 성당은 건물 자체가 거대한 악기다. 오르간이나 합창은 성당의 신랑身廊을 울림통 삼아 그렇게 깊고 신비로운 음색을 전하는 것이다.

미사가 끝났다. 청중들은 모두 일어나 예를 표하고 수도사들은 노래를 부르며 열 지어 한가운데 통로로 빠져나가기 시작했다. 바로 옆자리에 앉았던 나는 노래를 부르며 걸어나가는 수사들의 표정을 유심히 바라보았

저 수도원의 견고한 담은 속세인들에게는 범접하기 어려운 위엄을, 수도사들에게는 세상사에 담을 쌓고 신의 뜻을 간구하는 평생의 사명에 헌신하도록 해주었으리라.

다. 뭐라 말하기 쉽지 않은, 하지만 결코 평화롭거나 무언가를 초탈한 듯한 표정은 아니었다. 마른 얼굴에 깊이 밴 고뇌의 표정들이 오랫동안 가슴에 남았다. 사람들은 줄 지어 천천히 성당을 나와 제각기 차에 오른다. 그걸 보니 왠지 허허로운 것이, 나도 집에 가고 싶다.

처음 수도원을 창설한 사람은 성 안토니우스. 그는 험난한 사막으로 나아가 극도의 가난과 시련을 견디며 신께 가까이 다가가려 했다. 사막은 육체적 고난과 곤궁함은 물론이고 어느 곳보다 악마의 시험과 투쟁이 극심한 곳이었다고 한다. 물질과 탐욕의 대해를 벗어나 이 섬과 같은 한촌에서 마치 악마에 대적하듯 견고한 성을 쌓은 성 도미니쿠스. 나는 차디찬 광장의 돌계단에 앉아 신을 만난다는 것에 대해, 삶에 대해, 죽음에 대해, 돌아가서 불가피하게 대면할 수밖에 없는 '생활'에 대해 생각했다. 밤공기는 싸늘한데 하늘에는 잔 별이 많기도 하다. 그 잔 별 아래 우리네 인간들 가슴속엔 수심이 많기도 하고.

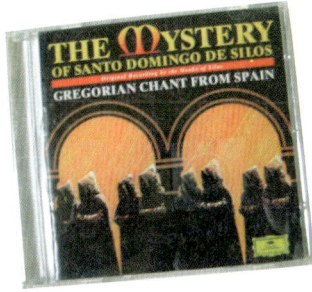

무어의 마지막 한숨
:: 알함브라에서 보낸 편지

알함브라에 왔습니다. 구름조차도 자취를 감춘 빈 공간, 푸른빛으로 가득한 하늘엔 뜨거운 태양이 이글거리고 있습니다. 그 무엇도 저 뜨거운 태양의 자장을 벗어날 수 없을 것 같아요. 구름조차도 말이지요. 지금이 시월이라는 사실이 믿어지지 않을 정도로 햇볕은 따갑게 내려쬐고 정말이지 덥습니다.

어제 머물렀던 세비야도 더웠지만 이곳 그라나다는 더한 것 같아요. 세비야에서 세 시간을 달려 그라나다에 왔어요. 차가 터미널을 빠져나갈 때 차창 너머로 문득 초라한 카페를 보았습니다. 허름하고 남루한 카페의 간판엔 'Esperanza(희망)'라고 쓰여 있더군요. 희망이라.

훗타 요시에堀田善衛는 스페인을 'Passion'이라는 단어로 정의합니다. 파시온은 정열이라는 뜻이지만 예수 그리스도의 수난을 의미하기도 합니다. 바흐가 죽은 지 250주년이 되던 해에 몇 달간 바흐 강의를 들었습니다. 강의하던 선생님은 연주시간이 무려 여섯 시간이 넘는 〈마태 수난곡〉을 지금까지 200번도 넘게 들었다고 하더군요. 카를 리히터가 지휘하고 저 유명한 에른스트 헤플리거가 에반젤리스트로 출연한 명반의 표지에 쓰인 'Passion'이라는 단어에 처음엔 어리둥절했었지요. 정열과 수난, 인간과 신, 세속과 신성, 대지와 하늘, 빛과 어둠 등, 이 모순적이고 (서로 의지함으로써) 존립하는 개념들이야말로 어쩌면 스페인을 설명하는 가장 적합한 방식인지도 모르겠습니다.

차창 밖으로 벌건 맨땅에 심어놓은 어린 나무들이 보였는데 아마도 수천 그루는 될 거 같아요. 이 어린 나무들이 없다면 이 안달루시아 땅은 아마도 황무지처럼 보였을 거예요. 간혹 흰 칠을 한 작은 집들, 올리브나무들도 보이구요. 못생긴 올리브나무는 끔찍하게 쓴 열매를 맺는데(깨물어봤는데 정말 써요), 생명력 하나는 강하기 이를 데 없습니다. 메마르고 척박한 땅에서 누가 돌보아주지 않아도 저 혼자 잘도 자라니까요.

알함브라를 찾느라 힘들었어요. 차를 갈아타고 은행을 찾느라 헤매고 진을 뺐지요. 스페인 땅은 여행하기가 쉽지 않습니다. 영어를 아주 잘하는 사람이라 해도 거기선 무용지물이지요. 아무도 못 알아들으니까요. 관광안내소의 직원이나 돼야 영어가 통하고 또 왜 그리 불친절한지. 유럽 어느 낯선 도시에서도 느낄 수 없었던 막막함이 느껴지더군요. 세비야를 떠날 때 나는 아무것도 모르고 여길 왔어요. 그렇게 유명한 곳이니 대충 찾아갈 수 있으리라 생각했던 거죠. 어디 있는지, 어떤 차를 타고 어떻게 가는지도 모르고 무턱대고 그라나다까지 왔다가 관광안내소의 직원이 대충 가리키는 버스를 무작정 탔어요. 그러고선 옆에 앉은 학생에게 알함브라를 어

떻게 가야 하는지 물었지요. 그녀는 다 해진 시내 노선도를 들고 열심히 설명을 해준 것까지는 좋았는데, 맙소사, 잘못된 정보를 주었어요. 내가 갖고 있는 알함브라 궁전 입장권 예매증서를 보더니 그걸 들고 곧바로 알함브라로 가면 안 되고 '베베우베' 은행에 가서 입장권으로 바꿔 가야 한다는 것이었어요. 그녀는 미안한 표정으로 "바빠서 널 도울 수가 없다"는 말을 남기고 제 갈 길을 가고, 나는 해져서 너덜너덜한 지도 한 장을 얻어들고 은행을 찾아야 했지요.

스페인은 정말 더운 나라입니다. 이리 더우니 여름철 낮에는 관광객들이나 돌아다닐 뿐, 스페인 사람들은 그저 낮잠이나 자는 게 당연한 거지요. 시월인데도 우리나라의 팔월 더위에 못지않으니 만약 한여름에 그 나라에 간다면 길 위에서 그만 녹아내릴 것만 같습니다. 무거운 배낭을 메고 물어물어 은행을 찾아가자니 입에서 단내가 나더군요. 겨우 은행을 찾아 긴 줄을 서서 물은 결과, 헛고생을 했음을 알게 되었어요. 그냥 바로 알함브라로 가면 되는 것인데. 다시 왔던 길을 되짚어 저 아랍인들이 이베리아 반도에 두고 간 보석 중의 보석, 알함브라 궁으로 향하는 셔틀버스 정류장까지 걸어갔습니다. 그녀의 친절을 가상하다고 해야 할까 아니면 괘씸하다고 해야 할까 갈등하면서요. 빨강 셔틀버스가 굴러오자 사람들이 저걸 타야 한다고 등을 떼밀더군요. 차에 타고도 걱정이 된 나는 기사에게 되도 않는 영어로, 알함브라에 도착하면 꼭 나에게 알려달라고 신신당부했습니다. 한참을 가더니 기사는 누군가에게 큰 소리로 뭐라고 외치더군요. 나한테 그러는 줄 알고 "(여기가) 알함브라?!" 하고 나도 모르게 목소리를 높였는데, 기사는 단호하게 "노!"라고 대답하더군요. 그 꼴을 보던 다른 사람들은 웃고.

알함브라는 아름답습니다. 그리고 장엄합니다. 현실은 한순간의 꿈과도 같이 덧없는 것이기에 이슬람에서는 구체적인 현실의 사물, 특히 사람을 묘사하는 것을 금지했습니다. 덧없는 한바탕 꿈을 공들여 묘사하는 건 무의미한 짓이라고 생각했던 거지요. 그래서 이곳 술탄의 정원에 현실의 구체적인 형태를 추상화한 정교한 무늬를 실로 경탄할 만한 열정과 장인적인 섬세함으로 새겨놓았습니다. 현실은 한순간의 꿈과 같은 것이기에……. 그러나 이곳의 주인들이 이 덧없는 현실을 얼마나 사랑했는지 알겠습니다. 이곳에서 그들은 잠시나마 천국을 들여다보았겠지요.

알함브라는 그라나다 왕국의 건설자 무하마드 1세가 착공했다고 합니다. 시에라네바다 산맥이 병풍처럼 둘러선 이곳에는 그저 주름진 땅으로 단단히 굳어진 계곡과 낮은 곳으로 흐르는 강이 있었을 뿐이었지요. 사막의 타는 목마름을 아는 이들만이 물과 나무그늘로 어우러진 이 장대한 오아시스를 만들 수 있었을 거라는 말에 저는 고개를 끄덕였습니다. 견고히 쌓은 성벽 안 은밀한 정원 안에서라면 스페인을 되찾으려는 기독교도들과의 피비린내 나는 전쟁 따위는 잊어버리고 은자와도 같은 평온함과 삶의 열락을 즐거이 누릴 수 있었겠지요. 피처럼 붉은 궁전(그라나다는 '석류'라

알함브라 궁전에 새겨진 다양한 문양들. 이슬람의 장인들이 온갖 공을 들여 깎고 다듬었을 이 복잡한 문양들을 보면 말문이 막힐 수밖에 없다.

는 뜻이고, 알함브라는 '알 하무르[붉은 것]'라는 말에서 나왔습니다) 안에서 말이지요.

 북아프리카에서 온, 800년간이나 안달루시아의 주인 노릇을 했던 베르베르인들에게 물은 천국의 동의어였습니다. 오늘도 헤네랄리페의 아름다운 정원 분수에서 흘러내린 물은 수로를 따라 연못을 채웁니다. 이 물로 전사들은 출정할 때 손을 씻고 목을 축였을 것이고 신자들은 신 앞에 나아가기 전에 영혼의 집인 몸을 청결히 했겠지요. 아마도 "청결함은 신앙의

알함브라 궁은 아름답고 우아한 궁을 품은 견고한 요새이다. 이렇게 두꺼운 성벽도 역사의 물길을 막을 수는 없었다. 레콩키스타 시절 알함브라를 공격하던 기독교 군대의 함성이 들리는 듯했다.

절반"이라는 선지자의 가르침을 마음에 새긴 채로 흐르는 물에, 흐르는 물이 없으면 고인 물을 부어 씻은 뒤 물그릇에 손을 담갔겠지요.

로르카는 「세 줄기 강에 떠도는 짧은 발라드」라는 시를 통해 이렇게 노래했습니다.

오렌지와 올리브숲 사이로 흐르는 과달키비르 강
설산에서 흘러내려 밀밭을 향해 달려가는 그라나다의 두 강
오렌지꽃을 날라라. 올리브를 날라라
안달루시아여, 너의 바다로

아, 사랑
허공으로 사라져버린!

정원 곳곳에 솟은 샘과 전혀 예상하지 못한 모퉁이와 담벼락에 화사하게 핀 꽃들, 기하학적인 문양으로 전지한 나무들, 그리고 그것들이 만들어내는 그늘 사이를 걸으면서 나는 현실이 꿈인가, 그렇다면 그 꿈을 가벼이 치부해버려도 좋은 것인가, 혹은 그토록 덧없는 것이기에 역설적으로 더욱 치열하게 불태워야 하는가를 생각했습니다. 이처럼 경이로운 장식예술

안달루시아의 파란 하늘 아래에서 이 샘을 마주 보고 앉아 있노라면 이곳 주인들이 여기에 천국을 건설하려 했음을 느낀다.

은 현실을 도외시하고 이상향을 동경합니다. 눈 깜박 하는 사이에 사라질 현실의 일부를 모방하는 게 아니라 그것을 도외시한 채 마음속에 자리 잡은 사상을 표현하는 것입니다. 식물 형상의 모티프는 규칙적으로 반복되어 논리적 형태를 갖추고 다시 고도의 추상적인 형상으로 발전하는 패턴을 띱니다. 어찌 보면 바흐의 음악과도 같은 정형성과 조화입니다. 서로 분리되어 있으나 또한 밀접히 연관되어 있는 M. C. 에셔Escher의 기묘한 그림을 연상시키기도 합니다.

이 궁의 주인들이 누렸던 복락에도 마침내 끝이 찾아옵니다. 운명의 1492년, 기독교 군대가 '재판의 문'을 뚫고 들어왔고 보압딜은 항복 문서에 서명하고 말았습니다. 그라나다의 이슬람 왕국이 항복한 1월 2일이면 그라나다의 가장 나이 어린 시의원이 시청 발코니에서 국왕의 깃발을 흔들고 그러면 모인 사람들이 만세를 외친다고 합니다. 승자인 이사벨과 페르난도는 관용심이 없고 문화적 수준도 낮은 이들이었습니다. 그들은 놀랍게도 강제 개종에 착수했고, 이 야만적인 조치에 굴복하지 않은 사람들은 이들에 맞서 2년간이나 싸웠습니다. 이 반란을 구실로 이사벨과 페르난도는 항복협정에 포함돼 있던 신앙의 자유를 무효화해버렸습니다. 이들의 머릿속에는 가톨릭과 피의 순수성에 의한 에스파냐의 통일이라는 완고한 격률이 자리 잡고 있었던 거지요.

이 궁의 마지막 주인인 보압딜은 기독교도들에게 쫓겨 조상들의 근거지인 북아프리카로 돌아갑니다. 그가 그라나다를 지날 때 폐쇄된 성문은 그의 소망대로 그 뒤로도 영원히 열리는 일이 없게 되었다고 합니다. 보압딜은 시에라네바다 산맥을 넘으며 알함브라 쪽을 바라보고 하염없이 눈물을

이 궁의 마지막 주인이었던 보압딜은 저 멀리 보이는 시에라네바다 산을 넘어 고향으로 돌아갔다. 그는 산을 넘다가 알함브라 쪽을 바라보며 하염없이 눈물을 흘렸다고 한다.

흘렸다지요. 수백 년에 걸쳐, 고르고 고른 장인들이 온 정열을 바쳐 깎고 다듬고 새긴 보석 중의 보석을 등뒤에 두고 떠나는 마음을 능히 짐작할 수 있습니다. 알함브라 건너편엔 아랍인들이 살던 알바이신Albaizyn이 있습니다. 이곳에 살던 사람들은 그들의 문패를 모두 그대로 둔 채 고향으로 돌아갔다고 합니다. 언젠가는 다시 돌아오리라 생각했던 거지요.

　알함브라의 문양들은 그들이 비현실적이고 추상적인 문양을 통해 영원을 추구했음을 보여줍니다. 그것은 이 불완전한 인간계를 에둘러 회피한 것이기도 하고, 자연 속에서 사라져버릴 수밖에 없는 '순간의 불꽃'을 석재와 금속을 통해 구현함으로써 덧없는 아름다움을 영구히 고정시키려 한 몸부림이기도 합니다. 오래전, 프란시스코 타레가의 우수어린 기타 음악 알함브라의 궁전의 추억을 통해 '알함브라'라는 이름을 처음 들었습니다. 가냘프게 떨리다가 유성처럼 긴 꼬리를 남기며 잦아드는 트레몰로는 사라져버린 영화, 덧없는 꿈, 그러니까 저 광막한 우주 어딘가로 사라져버릴 수밖에 없는 인간의 실존을 탄식하고 있는 것인지도 모르겠습니다. 처음 알함브라의 정원 그늘에 들어섰을 때 숨이 멎을 듯했던 그 느낌은, 점차 생각에 잠기게 하고, 마음을 고요하게 하더니 나중에는 알 수 없는 슬픔으로 변했습니다.

하루해가 다 기울어, 외국인만 사용할 수 있는 물품보관소(여권을 보여주어야 합니다)에서 배낭을 찾아 어깨에 메고 천천히 언덕을 걸어 내려왔습니다. 이 쓸쓸함, 이유 없는 이 쓸쓸함. 이유라고 하면 바로 저곳, 알함브라 때문일 텐데, 왜 이토록 쓸쓸할까. 거듭거듭 생각하지 않을 수 없었습니다.

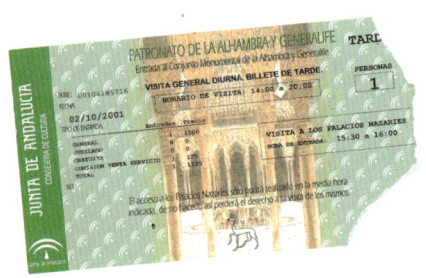

시인의 죽음
:: 그라나다와 알바이신, 그리고 가르시아 로르카

알함브라 궁전 맞은편에는 알바이신이라는 마을이 있다. 옛날 옛적 무어인들이 살던 마을로, 이슬람은 맨 처음 여기에 성채를 쌓았다. 누에바 광장에서 오른쪽 길로 올라가면 알함브라 궁전, 왼쪽 길로 올라가면 알바이신이 나온다. 가이드북 『론리 플래닛』에는 알함브라와 알바이신 사이에 강이 흐른다고 쓰여 있어서 그것을 어떻게 건너는지 궁금해했지만 막상 보니 피식 웃음이 나왔다. 강은 무슨, 졸졸 흐르는 시냇물에 불과하다.

이슬람교도들은 도시를 건설할 때 길을 직선으로 만드는 것을 싫어했다고 한다. 높다란 언덕 위로 가파르게 뻗어올라가는 샛길은 막다른 골목으로 이르기 일쑤다. 햇빛이 환한 대낮에도 미로 같은 골목 안에서 길을 잃고 헤매게 되기 십상이다. 코르도바의 골목길 역시 가느다란 샛길이 실핏줄처럼 이어지지만 이곳 알바이신만큼 어지럽지는 않다. 스페인 내전 당

알함브라 궁전 맞은편의 알바이신 마을. 하얗게 칠한 회벽과 비쭉비쭉 솟은 삼나무, 미로처럼 구불구불한 골목길이 인상적이다.

이 골목길들은 대낮에도 헛갈리지만 밤이면 도저히 분간할 수 없는 미로로 변한다. 웬만한 강심장이 아니라면 밤에 이 마을에 올라오는 것은 삼가시라.

시 공화파 당원들을 추적하던 파시스트들도 감히 이 알바이신에는 들어오지 못했다고 한다. 이러니 가이드북에도 밤에는 혼자 알바이신에 들어가지 말라고 경고하는 게 당연하다. 나는 이 경고를 무시하고 알함브라의 밤 풍경을 가장 잘 볼 수 있다는 전망대에 올랐다가 질겁을 했다. 분명히 낮에 왔던 곳인데도 영 낯설고 광장엔 가로등이 외로이 빛날 뿐 인적이라곤 없었다. 마치 누아르 영화의 한 장면처럼 수상한 그림자가 어른거려 겁이 덜컥 났다. 재빨리 길을 찾아 서둘러 내려오는 수밖에 없었다. 평생 집시들과 함께하며 그들의 삶과 사랑과 죽음에 대한 인상적인 기록을 남긴 콘라드 베르코비치는 오래전에 이렇게 전한다.

그라나다에서는 그 지역을 잘 알고 있는 누군가를 동반하지 않고는 알바이신에 올라가지 말라고 경고한다. 새벽이면 마치 동굴에서 기어나오는 늑대처럼 무어인들이 떼 지어 나온다. 이른 아침이면 눈 덮인 시에라네바다 쪽에서 부는 미풍에 섞여 희미한 기타소리가 들려온다. 또 화난 여인의 고음의 목소리가 딸랑거리는 노새 방울 소리에 섞여 들려온다. 아침이 지나면서 알바이신의 소음은 점차 커져간다.

알바이신에는 가파른 비탈길이 가늘게 뻗어 있고 길을 따라 조그만 창을 낸 흰 집들과 군데군데 샘이 솟는 아름다운 뜰이 있다. 골목에 앉아 있으면 누군가 플라멩코 기타를 뜯으며 꺾임이 많고 구슬픈 목소리로 노래를 한다. 카페에서는 향긋한 커피 한잔을 싼값에 마실 수 있다. 산 니콜라스 전망대 어디선가 비통하게 흐느껴 우는 듯한 기타소리, 노랫소리가 들리

알함브라의 밤풍경을 가장 잘 볼 수 있다는 산 니콜라스 전망대(왼쪽). 사람들은 말 없이 맞은편 알함브라의 견고한 성벽을 바라보곤 한다.

는데 사람들은 말없이 멀리 시에라네바다 산맥과 알함브라를 바라보고 있을 뿐이다. 저 강건한 성채 안에서 무어인들은 북쪽으로부터 밀고 내려오는 이사벨과 페르난도의 군대에 대한 불안과 버릴 수 없는 한 가닥 희망 사이에서 250년(1248~1492년)을 살았고 기우는 달처럼 쓸쓸히 산 넘고 물 건너 자신들의 고향으로 돌아갔다.

내가 전에 살던 동네에 '알바이신'이라는 스페인 음식점이 있었다. 음식점 주인은 알바이신에 7년인가를 살았다는 한국사람이었다. 그는 알바이신을 "우리 동네"라고, 그와 죽이 맞아 어울려 놀았던 동네의 젊은것들을

"우리 동네 쌍놈들"이라고 부르며 은근한 그리움을 내비쳤다. 이들이 연애하는 방식은 투명하다. 좋으면 그만이란다. 면전에서 좋다 싫다 딱 부러지게 말 못 하면 바람둥이로 찍혀 따돌림을 받는다니 차라리 속 끓일 일은 없을 것 같다. 사랑에 국경이 없듯 시효도 없으니 불문율이 생긴다. 아이가 태어나면 누구의 자식인지 묻지 말라는 것이다. 농사짓는 것 외에는 할 일이 없는 이 안달루시아에는 한국식 가족주의 전통이 면면히 살아 있다. 사내는 정열적이고 드센 아내를 얻는 대신 처가를 몽땅 먹여 살려야 한다. 그는 내가 다시 안달루시아에 갈 거라고 하자 열을 내는 것이었다. 자신이 먼저 (고향에) 가야 한다고. 알바이신의 떠들썩한 시장과 술집이 늘어선 골목길을 거닐다보니 자연히 '알바이신' 주인이 생각났다. 여기서 만났더

페데리코 가르시아 로르카.

라면 꽤 재미있었을 텐데.

페데리코 가르시아 로르카. 그라나다에서 태어난 시인. 그는 자신이 태어난 바로 이곳에서 1936년 파시스트 반란군의 손에 의해 피를 뿌리고 죽었다. 그가 태어난 곳은 그라나다 인근의 푸엔테 바케로스 마을이다. 그는 이곳 그라나다 대학에서 법학을 공부했으나 그것은 아버지의 강요에 의한 선택이었다. 대신 문학, 회화, 음악에 몰두했다. 공원 한켠, 그냥 지나치기 쉬울 만큼 소박한 로르카 기념관에는 친필 원고와 그가 사용하던 책상, 가구 등이 전시되어 있다. 한쪽으로 기울여 신경질적으로 내리그은 필체와 어린아이 같은 그림에서 이 사람의 격정적이고 발랄한 상상력을 읽을 수 있다.

1919년 마드리드 대학에서 로르카는 화가 살바도르 달리, 〈안달루시아의 개〉로 유명한 영화감독 루이스 부뉴엘, 시인 라파엘 알베르티 등의 예술가들을 만나게 된다. 이 시기에 그의 시는 널리 알려졌지만 출판된 것은 거의 없었다. 책 속의 시는 죽은 것이고 시는 입으로 읊어야 한다는 그의 믿음 때문이었다. 로르카는 자신의 작품 중 가장 유명한 〈피의 결혼〉을 고향에서 일주일 만에 완성하여 마드리드에서 가까운 시인들을 초청하여 직접 낭송하며 들려주었다. 안달루시아 지방의 작은 마을에서 실제 일어났

그라나다의 정원 한켠엔 자그마한 로르카의 기념관이 있다. 여기엔 그가 사용했던 책상, 집기 등이 전시되어 있고, 직접 그린 그림과 자필 편지도 볼 수 있다.

던 비극적인 사건을 토대로 한 이 드라마에서, 결혼식 날 옛 연인과 달아나 피의 복수를 불러온 여자는 대체 왜 그런 짓을 저질렀느냐는 시어머니의 추궁에 이렇게 부르짖는다.

그래요. 난 다른 남자와 도망쳤어요. 당신도 제 입장이라면 그렇게 했을 거에요. 난 몸과 마음이 상처투성이로 가득찬, 불붙은 여자였어요. 그 불을 끄기에는 당신 아들은 너무나 미약했어요. 그는 한사발의 물에 지나지 않았어요. 제가 천진난만한 아이 같은 당신 아들과 함께 강변을 거닐고 있을 때, 그 남자는 수백 리의 새를 날려보내 제 앞길을 막았어요. 그 새들은 불길의 혀끝으로 애무를 받고 있던 이 가련하고 시들어가는 여자의 상처 위에 서리를 내리게 했어요. 처음엔 저도 원치 않았어요! 하지만 저돌적으로 다가오는 그 남자의 포옹이 나를 파도처럼 휩쓸어버렸어요. 나를 영원히, 영원히, 영원히, 영원히 휩쓸고 간 거에요.

대사를 낭송하는 로르카의 모습이 완전히 '두엔데(Duende: 주로 플라멩코 음악이나 무용 관람 중에 느끼게 되는 격렬한 격정)'에 홀린 사람 같아 지켜보는 사람들은 마치 피가 얼어붙을 듯한 전율을 느꼈다고 한다. 자신이 주인공이 된 양 완전히 몰입했던 로르카는 낭송이 끝난 후 그 자리에 쓰러졌고, 청중들 역시 한편으론 열광하고 또 한편 기진맥진하여 한없이 흘러내리는 눈물을 억제하지 못했다고 한다.

로르카는 죽음과 피, 궁극적으로 인간을 파괴하는 어두운 열정에 사로잡힌 시인이었다. 그는 죽음이 자연스러운 풍경인 유일한 나라가 스페인

크레타 섬의 크노소스 유적에 그려진 투우 장면. 크레타의 투우가 어떤 경로를 거쳐 스페인에 자리 잡았는지, 왜 스페인 사람들은 유독 투우에 열광하는지 궁금하기 짝이 없다.

이며, 죽음이 솟아나서 다시 흘러들어가는 대지야말로 스페인의 뿌리라고 주장한다. 그러므로 인간이 자신의 용기와 신념의 궁극적 시험대인 죽음에 맞서는 투우를 스페인의 상징으로 여긴 것은 당연한 일이었다. 그의 대표작으로 알려진 「이그나시오 산체스 메히아스를 애도하며」 역시 쇠뿔에 받혀 죽은 친구인 투우사 메히아스를 위한 애도시이다. 이 시에는 '오후 다섯시에'라는 후렴이 시체 위를 맴도는 까마귀마냥 불길하고 구슬프게 한없이 반복된다.

오후 다섯시
정각 오후 다섯시였다
한 소년이 흰 시트를 가져왔다
오후 다섯시

석회 한 바구니가 준비되었다
오후 다섯시
남은 것은 오직 죽음뿐
오후 다섯시

    크레타 섬의 크노소스 유적에는 돌진하는 황소의 쇠뿔을 잡고 올라타는 위험한 유희를 묘사한 벽화가 있다. 황소는 자신의 뿔을 잡은 사람을 내동댕이치고 옆으로 접근하는 사람은 뿔로 들이받아 구멍을 내버린다. 인간이 누릴 수 있는 모든 쾌락을 고안해낸 로마인들도 크레타의 황소 타기는 도입하지 않았다. 인간이 해내기에는 너무 위험하다고 여겼을 것이다. 작가 카를로스 푸엔테스는 최초의 투우사가 미궁에 갇힌 반인반수의 괴물 미노타우로스를 처치한 테세우스이며 이를 스페인에 전한 이가 헤라클레스라고 주장한다. 이 놀라운 희생제의 주역인 투우사는 18세기 이후 인기 높은 직업이 되었다. 스페인이 낳은 거장 프란시스코 고야가 초상을 그린 투우사 페드로 로메로는 평생 무려 5585마리의 용맹한 황소를 죽였으며, 자신은 한 군데의 상처도 없이 여든 살에 죽었다.

    투우와 플라멩코, 집시의 고장이자 자신의 고향인 안달루시아에서 로르카 역시 비극적으로 죽었다. 1936년 선거에 나선 인민전선의 승리를 위한 선언문을 기초했고 '위대한 혁명의 날'을 꿈꾸었던 불온한 시인을 프랑코의 하수인들은 살려둘 수가 없었던 것이다. 로르카는 아이러니칼하게도 자신의 제자이자 팔랑헤 당원이었던 로살레스의 집에서 체포되었다. 파시스트들은 시인을 총살하고 매장한 후, 매장지를 감추기 위해 소나무를 심었다. 시인 안토니오 마차도는 로르카의 최후를 마치 눈앞에 보기라도 한 듯 너무나 선명하게 그려낸다.

  소총 사이로 걸어가는 그를
  모든 사람들은 보았다
  길게 이어진 길을 따라
  그는 별들이 차갑게 반짝이는
  새벽 들판으로 나갔다

칠레의 민중시인 파블로 네루다는 스페인 내전이 일어나기 2년 전인 1934년 마드리드에서 로르카를 만난다. 젊은 날의 네루다의 시낭송을 들어보면, 목소리에 잔뜩 힘을 주긴 했지만 어딘지 명료하지 않고 둔중하니 번지는 듯한 느낌이어서 칼칼한 맛은 전혀 없다. 물론 웅변적이지도 않다. 로르카는 맥이 풀린 듯 느슨하고 단조롭고 향수어린 네루다의 목소리에 매료되었다. 둘은 금방 서로를 알아보았고 절친한 친구가 되었다. 프랑코의 반란군이 총을 들기 직전 네루다의 집을 방문한 로르카는 고향인 그라나다로 돌아가고 싶다고 말한다. 모든 이들이 위험하다며 만류했지만 로르카는 이상하게도 친구들의 충고를 모두 무시하고 그라나다로 돌아갔다. 그리고 자신이 태어난 땅에서 죽어 비밀스럽게 매장되었다. 프랑코가 직접 발표한 로르카의 죽음에 네루다는 깊은 충격을 받았다. 하지만 스페인의 비극이 자신의 조국 칠레에서 되풀이되리라고는 상상도 하지 못했을 것이다. 무자비한 투쟁이 아닌 평화적이고 점진적인 방법으로 사회주의를

로르카의 절친한 친구였던 파블로 네루다. 이 사진은 네루다 자신이 로르카에게 기념으로 선물한 것이다.

건설하려 했던 살바도르 아옌데의 인민연합은 미국의 사주를 받은 쿠데타 세력에게 무너지고 말았다. 네루다는 인민연합 정부의 위기가 깊어지고 쿠데타 위협이 점점 현실화되자 국립방송국에 출연해 자신이 스페인에서 목도했던 참상을 증언하고 모든 칠레의 지식인, 예술가, 노동자의 대동단결을 호소했다. 그러나 그것은 백조의 노래일 뿐이었다. 노벨문학상을 받아들고 칠레로 돌아왔을 때 공항에서 열렬히 환호하며 맞아주었던 민중들의 성원을 무엇보다 큰 선물로 여겼던 네루다. 살아생전 비할 바 없이 영예로운 시인이었던 네루다의 마지막 가는 길은 그의 친구였던 가르시아 로르카만큼이나 비극적이었다.

올가 이야기

남프랑스 몽펠리에에서 낡아빠진 탈고Talgo열차를 타고 피레네 산맥을 넘었다. 국경 이쪽과 저쪽의 살림살이가 확연히 구분된다. 역시 프랑스는 부자 나라다. 저녁나절 캄캄해지고 난 뒤 카탈루냐의 주도인 바르셀로나에 내렸다. 스페인 땅이다. 아, 올가 생각이 난다.

언젠가 영문으로 된 메일이 와서 스팸이겠거니 하고 버리려다 다시 보니 올가의 아이디였다. 짧은 편지였다. "잘 지내니? 사진을 보면, 말의 눈 안에 내 모습이 있어. 그럼 좋은 날들 되기를……." 이게 다였다. 커다란 말의 눈이 클로즈업된 사진이 첨부되어 있었는데 유리알 같은 눈에 비친 치마를 입은 여자가 날 바라보고 있었다.

쿠바를 갔다온 누군가가 보자고 해서 인사동에 몇 사람이 모였다. 몇 년 전 이야기다. 거기에 처음 보는 유럽인이 앉아 있었다. 그 여자는 한국말

스페인 내전 당시 민중들이
불렀던 노래 모음집.

이, 나는 스페인어도 영어도 안 되니 무슨 얘기를 나눠 친분을 쌓을 형편이 못 되었다.

며칠 후 쿠바 밴드인 부에나 비스타 소셜 클럽이 내한공연을 했다. 공연장인 엘지 아트홀 로비에서 한복을 입은 그녀를 다시 만났는데, 어인 일인지 아주 반가워하는 것이었다. 공연 끝나고 근처 술집에서 일행들이 다시 모였다. 올가와 나, 스페인에서 막 돌아온 J, 올가와 가장 가까운 K와 C, 올가 친구 브루노와 이름이 기억나지 않는 외국인 두어 사람, 재즈 가수 K, 그리고 안도 타다오(처럼 유명하진 않지만) 비스무리하게 드라마틱한 이력을 지닌 기타리스트 A씨. 올가와 A씨가 플로어에서 춤을 췄고 K가 피아노를 치며 '관타나메라'를 불렀다. 아, 좋은 밤이었다. 멋진 음악과 좋은 친구들, 느긋하고 평온한 여름 밤.

"올가가 한국의 노동자 소씨알리스따를 궁금해해요"라고 누가 말을 전한 며칠 후 여럿이서 방배동 올가의 집에 초대를 받았다. 그녀는 서울에 있는 프랑스 학교의 교사였다. 집에 들어가니 무정부주의의 상징인 커다란 원에 A자가 들어앉은 포스터가 주방 벽에 붙어 있고 안방 벽엔 오래된 흑백사진이 걸려 있었다. 건장한 중년 사내가 그에 어울리게 순박해 뵈는 아낙의 어깨를 감싸 안은 사진. 할아버지란다. 그녀의 집안은 대대로 무정부주의의 세례를 받았다. 할아버지도 아버지도 그녀 자신도. 사진 속 할아버지는 1936년 스페인 내전 때 공화파 의용군으로 참전했던 사람이었다.

무정부주의 상징인 아나키의 서클 에이(Circle-A of Anarchy)

올가는 스페인 민중들이 불렀던 노래 모음집을 선물로 주었다. 거기엔 "노 파사란No Pasaran!"이라는 구호가 씌어 있었는데 (반란군들을) '결코 통과시키지 않으리'라는 뜻이라고 한다. 내전 당시 스페인 노동자들이 혁명의 성녀라 부르며 존경했던 돌로레스 이바루리는 매일같이 불을 뿜는 듯한 연설로 "반란군에게 굴복하느니 차라리 품위 있게 죽자"고, "총이 없으면 끓는 기름과 나이프를 들고서라도 나가 싸우자"고 호소했다. 마지막 격전지였던 마드리드의 방송을 통해 그녀는 매일 '노 파사란!'을 부르짖었다.

3년을 끌었던 마드리드 방어전이 패배로 끝나고 반란군이 마드리드에 쏟아져 들어왔다. 나는 차마 그녀의 할아버지가 이후 어떻게 되었느냐고 물어볼 수 없었다. 프랑코에게 죽었거나, 국경을 넘어 프랑스로 도피했거나, 용케 살아남았다 해도 침묵을 강요당하며 두려움의 세월을 살았겠지.

그녀는 월드컵이 한창이던 2002년 6월에 한국을 떠났다. 새로 부임한 교장의 횡포에 반발해 교사들이 사표를 냈고 그녀도 학교를 그만두고 아무런 계획 없이 고향인 스페인이 아닌, 그녀의 집이 있는 남프랑스 툴루즈로 떠났다. 그녀는 몇 번의 메일을 통해 늘 "넌 여기에 집을 하나 두고 있어. 내 집은 곧 네 집이야"라고 하며 아무 때나 오라고 독촉했지만 먹고사느라고 바빴던 나는 결국 가지 못했다.

 언젠가 그녀에게 농담처럼 시골 소도시에 책방을 내고 살아가고 싶다는 이야기를 한 적이 있었다. 그랬더니 대뜸 진지한 표정으로 자기도 주주로 참여하고 싶다고 하는 것이었다. 남쪽 지방 어디쯤 작은 도시에 예쁜 책방 하나를 열고 가끔 먼 곳에서 찾아오는 친구들을 맞으며 살면 어떨까? 올 가랑 친구들이 찾아오는 그런 날은 가게 문을 조금 일찍 닫고 집으로 돌아가 저녁상을 차려 '밥을 나누고', 좋았던 옛 기억들을 회상하고, 사는 이야기들을 함께 주고받으리라. 전에 그랬듯이 주먹만 한 별을 우러르며 마당에서 고구마를 굽고 탁자를 밖에 내어놓고 차를 끓이고, 또 S에게 '베사메 무초'를 청해 들을 수도 있으리라.

카탈루냐 찬가
:: 피카소와 바르셀로나, 그리고 쓸쓸한 혁명의 기억

스페인은 여러 모로 복잡하고 모순적인 나라다. 특유의 역사적 유산을 갖고 있는 지방들은 성벽처럼 높은 산으로 둘러싸여 독자적인 문화와 관습을 고수하고 있다. 언어만 하더라도 카스티야어, 카탈란어, 바스크어, 포르투갈 방언 등이 쓰이며 켈트족, 이베로족, 그리스인, 로마인, 아랍인, 그리고 집시들이 오랜 세월 동안 이 땅을 거쳐갔고 어울려 살았다. 카탈루냐 주는 이미 독립이 승인되었고, 독립을 위해 무장투쟁도 불사하는 바스크의 독립 역시 탄력을 받을 것이다. 그렇다면 이렇게 물을 수도 있으리라. 스페인은 통일된 하나의 나라인가?

나폴레옹은 '피레네 산맥 너머는 아프리카'라고 말한 바 있다. 다분히 경멸이 섞인 오만한 언사지만 어쨌거나 스페인은 피레네 산맥 너머의 유럽과는 다른 성격을 갖고 있다는 뜻이기도 할 것이다. 피레네의 동쪽에서 르네상스가 태동할 무렵(15세기) 스페인은 여전히 가톨릭을 고수했고 야만적인 종교재판이 유럽에서 가장 오랫동안 횡행했다. 레콩키스타의 완성자인 카스티야의 이사벨과 아라곤의 페르난도가 설치한 종교재판소는 300년간 3만 2000명을 화형에 처했고 1만 7000명을 교수대에 매달았다. 그리하여 해외 식민지로 도피하는 사람들이 줄을 이었고 15세기 당시 1200만이던 인구가 18세기엔 절반으로 줄어버렸다. 지난세기에 이르기까지 대부분의 스페인 노동자들은 공장이 아닌 땅에서 일했고 후진적인 봉건주의의 잔재는 뿌리 깊었다.

이처럼 수백 년 동안 변함 없이 지속되었던 가난, 변화의 부재는 민중들에게 그런 비참한 인간의 조건이 어느 순간에 급격하고도 장엄하게 변하게 되리라는 믿음을 갖게 했다. 이러한 천년왕국을 대망하는 혁명적 열정은 스페인의 특수한 현실 속에서 복고적으로 나타났다. 그리하여 점진적인 변화가 아닌 찰나의 도약을 통해 원시적인 평등한 공동체를 달성하려는 무정부주의의 튼튼한 토대가 되었다. "피는 불씨가 없어도 타오른다"는 스페인 사람들의 속담은 바로 이러한 역사적 조건 그리고 극단적으로 대조되는 자연 환경이 낳은 정열을 드라마틱하게 설명해주는 말인지도 모르겠다.

2006년은 스페인 혁명 70주년이 되는 해이다. 1960년대 인류의 양심에 박힌 가시가 베트남전쟁이었다면 1930년대의 그것은 아마도 스페인 내전이었을 것이다. 왕당파와 지주, 교회의 지지를 받은 프랑코가 반란을 일으키자 갓 태어난 스페인 공화국은 고립무원의 상태에 빠졌다. 히틀러와 무솔리니가 노골적으로 프랑코를 지원한 반면 프랑스와 영국 등은 팔짱을 끼고 구경만 했다. 내전 초기, 바람 앞의 등불 같은 처지였던 공화국을 지킨 것은 무엇보다 정규군이 아닌 스페인 노동자 의용군들이었다. 대부분

결연한 표정으로 총을 멘 어린 병사. 자신의 삶을 스스로 만들어나간다는 자각이 없다면 무엇인가에 목숨을 걸고 헌신할 수는 없을 것이다.(로버트 카파 사진)

무정부주의자들이었던 그들은 곧바로 총파업을 선언하고 무기를 들어 스페인 동부 지역에서 파시스트들을 분쇄했다. 빈약한 무장으로, 다이너마이트 하나만을 들고 기관총좌를 향해 돌진하는 처절한 투쟁은 "오직 현재의 상태보다 더 나은 어떤 것을 위해 싸운다는 믿음을 지닌 인민만이 보여줄 수 있는 것"이었다.

소위 '민주주의 국가'들이 파시스트들의 눈치만 살피는 동안, 전 세계의 노동자, 지식인, 예술가들이 자발적으로 스페인 내전에 뛰어들었다. 그들은 스페인에 아무런 연고도, 이해관계도 없는 이들이었다. 오로지 자신들의 이상을 지키기 위해 목숨을 걸고 전장에 달려온 사람들은 4만 명이나 되었다. 당시 스페인에 머물던 파블로 네루다는 이렇게 노래했다.

파리 페르 라셰즈 묘지에 세운 스페인 내전 참전 기념비. 묘비 왼쪽에 파블로 카잘스 등의 이름이 보인다.

멀리 그대들의 향리로부터
그대들의 잃어버린 국토로부터
무너져내린 푸르른 소망과 총성으로 뒤흔들리는
그대들의 꿈으로부터
이 스페인을,
궁지에 몰린 자유가
맹수에게 물어뜯겨 죽임을 당할지도 모르는
이 스페인의 도시를
지켜내기 위해 아주 멀리서 와준 것을

이들 중에는 어니스트 헤밍웨이, 조지 오웰, 전설적인 영화인 요리스 이벤스, 앙드레 말로, 그리고 불꽃의 여자 시몬 베유도 있었다. 조지 오웰은

조지 오웰이 국제 의용군의 일원으로 바르셀로나에 도착했을 때의 풍경이 아마 이랬을 것이다. 담벼락에 혁명의 대의를 선전하고 사기를 고취하기 위한 포스터와 구호가 붙어 있다.

1936년 말 의용군에 입대해 바르셀로나에 도착한다. 건물마다 공산당의 상징인 빨간색과 무정부주의의 상징인 검은색 깃발이 내걸렸고, 담벼락엔 각종 구호와 함께 활활 타오르는 듯한 혁명 포스터가 여기저기 붙어 있었다. 거리에서는 프롤레타리아 형제애를 찬양하는 소박한 혁명 발라드를 푼돈을 받고 팔고 있었다. 공습을 염려해 밤거리는 어둑어둑했고 심각한 물자부족에 시달렸지만 혁명과 미래에 대한 믿음이 충만했다. 특이하고도 감동적인 풍경들이었다. 혁명의 이념은 군대에서도 예외가 아니었다. 사실 의용병들은 전혀 규율이 잡히지 않았고, 혁명적 열정은 충만했지만 전쟁이 무엇인지도 모르는 무식한 바르셀로나 뒷골목 출신의 병사들이었다. 이들을 지휘하던 어느 정규군 장교 출신 지휘관은 어느 의용병이 자신을 '세뇨르'라고 부르자 이렇게 말한다. '세뇨르'라고? 누가 나를 '세뇨르'라고 했나! 우리는 모두 동지가 아닌가!

조지 오웰의 『카탈로니아 찬가』는 '그들'이 혁명을 어떻게 말아먹었는가에 관한 씁쓸하기 짝이 없는 이야기이다. 자신들을 집어삼키려는 늑대

들 앞에서 공산주의자들과 무정부주의자들은 혁명 완수가 먼저냐, 전쟁 승리가 먼저냐를 두고 으르렁거렸다. 그는 환멸에 치를 떨면서도 "이상하게도 이런 경험을 통해 인간의 품위에 대한 나의 믿음은 더욱 강해졌다"고 말한다.

푸르디푸른 이상 하나만을 위해 스페인으로 달려간 국제의용군은 어찌 되었을까? 내전 막바지에 스페인 공화국 정부는 바르셀로나에서 국제여단 환송식을 열었다. 유럽이 불간섭주의로 일관하고, 히틀러의 환심을 사려던 스탈린이 이들을 돌려보내라고 압력을 넣던 상황이었다. 이 자리에서 '라 파시오나리아(정열의 꽃)' 돌로레스 이바루리는 감동적인 고별 연설을 한다.

어머니들이여, 여인들이여. 세월이 흘러 전쟁의 상처가 아물었을 때, 피비린내 나는 슬픈 기억이 자유, 평화, 복지의 분위기 속에서 사라져갈 때, 모

바르셀로나에서 열린 국제여단 환송식에서 주먹을 움켜쥐고 있는 사람들. 이들은 오로지 자신의 이상 하나만을 위해 멀고먼 스페인까지 달려와 파시스트에 대항해 목숨을 걸고 싸웠다.(로버트 카파 사진)

든 원한이 사라지고 모든 스페인 사람들이 자유 국가에 대한 자부심을 느끼게 될 때, 당신의 자녀들에게 이렇게 들려주십시오. 국제여단의 용사들이 우리를 도와주러 왔었다고. (……) 동지들! 당신들은 역사입니다. 당신들은 전설입니다. 우리는 당신들을 잊지 않을 것입니다. 평화의 올리브나무가 꽃피어 스페인 공화국이 승리의 월계수로 뒤엉킬 때 다시 돌아와주십시오!

이들은 자신들의 조국에 돌아가서도 환영이 아닌 박해를 받다가 다시 제2차 세계대전의 참화로 내몰렸다. 이바루리의 말마따나 그들은 이제 전설로 남았다. 자신의 이상을 지키기 위해 아무런 연고도 없는 만리타향 전쟁터에 나선다는 것을 상상이나 할 수 있을까? 불과 70여 년 전 일이다.

마드리드 인근 로스 카이도스 계곡엔 거대한 규모의 전몰자 추모비가 있다. 프랑코가 공화파 포로들을 강제 동원해 만든 것이라고 한다. 그리 멀지도 않은 이곳에 한번 가볼까 생각도 했지만 결국 가지 않았다. 프랑코

바르셀로나의 상징 중 하나인 성 가족교회. 200여 년의 세월이 지났지만 미완성이고 앞으로도 100년 이상의 세월이 더 걸리리라고 한다.

의 지지자들은 아직도 이곳에 안치된 프랑코를 위해 미사를 올리고 그를 찬양하며 구호를 외친다. 이 나라에 아직도 독재자의 유령이 어른거리듯 스페인도 여전히 그렇다.

바르셀로나 하면 물론 누구나 가우디를 떠올릴 것이다. 음악을 좋아하는 사람이라면, 프랑코 독재를 거부해 망명생활을 했던, 자신의 고향 카탈루냐에선 새들도 '피스peace, 피스'라고 운다고 했던 파블로 카잘스를 떠올릴지도 모르겠다. 서울에서 가우디의 작품을 사진으로 본 적이 있었다. 마치 곡선에 대한 강박관념을 가진 사람 같았다. 직선이란 직선은 모두 구부려놓아야 직성이 풀리는 양 모든 것이 구불구불해 머리가 어지러워지는 것 같았다. 하긴 자연에 직선이 어디 있는가. 능선도 산도 계곡도 바다도 나무도 바위도 모두 완만하거나 급격하게 흐르다가 너울거린다.

가우디의 성 가족교회는 물론 지금도 공사중이다. 애초엔 가우디의 일이 아니었지만 나중에 그가 떠맡은 것이다. 지금 200년째인가 짓고 있다면 대개 놀라지만 유럽의 성당 중에는 200년 아니라 500년 이상 걸려 지은 것도 있고, 고딕 성당이 애시당초 미완의 건축물임을 생각하면 그리 놀랄 일은 아니다. 그런데 왜 하필 오늘날 수백 년이라는 시간과 공력을 들여 성당을 짓고 있는 것일까?

중세의 성당은 오늘날의 성당과는 너무나 다르다. 사람들은 성당의 장엄한 음악과 스테인드글라스의 신비로운 푸르름을 보며 이 고통스런 차안 너머의 세상을 그려볼 수 있었다. 사람들은 성당에서 결혼식과 장례식을 올리고 축제와 회의를 했으며, 성당 축조는 마을 모든 사람들의 성스러운 과업이었다. 즉 성당은 중세인들의 거의 모든 것이었다. 당시의 빈약한 생산력과 축조된 성당의 규모와 수를 생각해보면 중세의 성당이라는 구조물 자체가 기적이다. 그 이유를 하인리히 하이네는 간명하게 말한다. "오늘날의 우리는 의견이 있을 뿐이지만 당시 그들은 신념이 있었다"라고.

사람들은 흔히 가우디와 같은 이들을 '천재'라고 한다. 하지만 그 말은 너무 안이하고 피상적이다. 천재란 르네상스 시대의 발상이었고 중세인들에게 그 말은 불경스러운 말이었다. 샤르트르 대성당이 완전히 불타버렸을 때의 일화는 오늘날 예술가들의 개인주의와 자기 도취를 곰곰이 돌이켜 생각하게 한다. 성당이 불탄 후 수많은 예술가, 학생, 노동자들이 모여들어 무너진 성당을 재건했지만 오늘날까지도 그들이 누구인지 알려지지 않고 있다. 그 시절 예술은 어느 특별한 개인의 독점물일 수 없었던 것이다. "즉흥곡이란 결코 즉흥적으로 만든 작품이 아니다. 영감은 노력하지 않고도 나오는 것이 아니라 힘겨운 노력 끝에 생성되기 때문이다." "우리에게는 레오나르도 다 빈치와 같은 위대한 명장들이 경험했던 길고 고된 연구, 인내, 반복이 부족하다. 그리고 이런 것들이야말로 명장들의 작품에 가치를 부여한다." 이렇게 생각하는 사람에게 마치 기독교의 성령처럼 신비스럽게 임재하는 '신이 내린 재능'이라는 말은 어울리지 않는 것 같다.

바르셀로나에는 피카소 미술관이 있다. 피카소는 안달루시아의 해안도시 말라가에서 태어나 성장기를 바르셀로나에서 보냈다. 그는 1904년 파리로 떠난 후 늘 바르셀로나로 돌아가고 싶어했지만 결국 돌아가지 못하고 이국 땅에서 죽었다. 그에게 바르셀로나는 마음의 고향이었던 셈이다. 그의 대표작인 「게르니카」는 지금 마드리드의 레이나 소피아 미술관에 있다. 「게르니카」는 전쟁의 와중에 스페인 공화국 정부가 발주한 그림이었다. 프랑코의 반란군과 피 말리는 전쟁에 돌입한 스페인 공화국은 파리 만국박람회 스페인관에 전시할 작품을 피카소에 의뢰했다. 그것은 혁명과 전쟁의 소용돌이에 휩싸인 스페인에 대한 관심을 환기시키고, 피카소가 야만적인 반란군에 맞서 어려운 싸움을 벌이는 공화국 정부를 열렬히 지지하는 징표가 될 것이었다.

「게르니카」가 누구에게나 환영받은 것은 아니었다. 심지어 좌파조차도 가해자가 누구인지 피해자는 또 누구인지 분명하지 않은 표현주의적 그림에 비판을 해댔다. 내전이 프랑코의 승리로 돌아가자 그림의 소유를 둘러싸고 복잡한 논란이 벌어졌다. 그림을 발주한 스페인 공화국 정부는 적지 않은 금액을 피카소에게 지불했고, 그런 만큼 피카소는 자신은 그림의 소유주가 아니고 보관자에 불과하다는 입장을 고수했다. 공화국 정부가 붕괴되어 존재하지 않는 상황에서 그림의 소유주는 누가 되어야 하는가? 프랑코는 미국 메트로폴리탄 미술관에 머물고 있던 그림의 반환을 요구하고 나섰다. 하지만 피카소는 언젠가 스페인에 '진정한 자유'가 도래하면 그때 비로소「게르니카」는 스페인에 돌아갈 것이라고 맞섰고 자신의 유언장에 그 사실을 분명히 밝혔다. 1973년 피카소는 죽었고, 2년 후 끔찍한 독재자 프랑코도 죽었다. 그러고도 한참이 지난 1981년에야「게르니카」는 지리한 협상 끝에 스페인에 돌아갈 수 있었다. 마드리드에서「게르니카」를 맞는 행사엔 바스크 광부의 딸이자 스페인 내전 당시의 전설적인 영웅이었던 돌로레스 이바루리도 국회의원 자격으로 참석했다. 내전이 패배한 후 러시아로 망명했던 그녀로선 실로 감개무량했으리라.

「게르니카」가 어디에 둥지를 틀어야 하는가를 두고 피카소가 태어난 말라가, 성장기를 보냈고 스페인 유일의 피카소 미술관이 있는 바르셀로나, 그림의 무대였던 게르니카가 있는 바스크 주, 그리고 피카소가 명예 박물관장을 지낸 프라도 미술관이 있는 마드리드가 서로 자신들이 그림을 소유해야 한다고 주장했다. 이를 두고 투표를 실시한 결과 스페인인들 다수가 마드리드를 선호했다.「게르니카」는 결국 프라도 박물관의 부속 건물에 안치되었고, 10년이 지나 레이나 소피아 미술관으로 자리를 옮겼다. 이때도 바스크인들은 이 위대한 걸작이 당연히 그들의 소유라고, 게르니카에서 얼마 떨어지지 않은 빌바오의 멋진 구겐하임 현대미술관이 그림을

파블로 피카소, 「게르니카」, 캔버스에 유채, 351×782cm, 1937, 레이나 소피아 미술관, 마드리드
© 2006 - Succession Pablo Picasso - SACK(Korea)

공습 직후 폐허가 된 게르니카 시가지 모습.

위한 최적의 전시장이라고 주장했다. 이러한 논란은 지금도 사그러들지 않고 있다.

독재자들이 그랬듯이 프랑코도 스포츠라면 사족을 못 썼다고 한다. 그는 유명한 축구 클럽 레알 마드리드의 열렬한 팬이었다. 카탈루냐와 바스크 등을 무자비하게 탄압했던 독재자를 증오했던 카탈루냐인들의 자랑인 FC 바르셀로나와 레알 마드리드의 치열한 라이벌 관계는 이런 사연과 무관하지 않을 것이다.

피카소 미술관에는 별로 볼 것이 없었다. 미술관을 나와 근처 광장에서 사르다나라는, 인상적인 카탈루냐 민속춤을 보았다. 하얀 유니폼을 차려 입은 젊은 카탈루냐인들이 서로 어깨동무를 하고 음악에 맞춰 규칙적으로 율동을 하고 있었다. 둥글게 원을 그린 이들은 그렇게 역동적이거나 커다란 움직임을 보이진 않았지만 가쁘게 숨을 몰아쉬고 있었고 그런 춤에선 견고한 연대와 단결의 정신 같은 것을 느낄 수 있었다.

지중해에 면한 바르셀로나 해안의 바닷바람을 맞다가 점심으로 파에야를 먹었다. 스페인의 파에야는 한국에서 먹었던 (올가네) 파에야에 비하면 쌀이 좀 설익고 짠 편이다. 하지만 다른 음식에 비해 싸고 쌀로 만든 음식이어서 즐겨 먹었다. 점심을 먹고 나서 올림픽 메인 스타디움과 황영조가 극적인 막판 스퍼트로 일본 선수를 따돌렸던 몬주익 언덕과 호앙 미로 미술관을 얼쩡거리고, 거대한 카탈루냐 미술관이 올려다보이는 광장에서 커피 한잔을 홀짝이고 나니 하루가 다 간다.

숙소로 돌아오니 모두들 플라멩코를 보러 간다고 옷을 갈아입고 있었

카탈루냐 지방의 민속춤인 사르다나를 추는 젊은이들. 보기엔 단순 간결해 보이지만 춤이 끝나면 사람들은 힘겹게 가쁜 숨을 몰아쉰다.

다. 주인 아저씨가 자기 이름만 대면 싸게 해주는 데가 있다고 호언장담, 모두들 그를 따라갔다.

플라멩코 하면 로르카와 두엔데를 떠올리지 않을 수 없다. '두엔데'를 우리말로 번역할 수 있을지 모르겠다. 플라멩코 음악이나 춤이 너무나 강렬해 거기에 감정이입하는 순간 벼락처럼 엄습하는 충격적인 감정이 두엔데다. 피를 토하는 듯한 플라멩코 가수의 노래와 숨돌릴 틈조차 없이 휘몰아치는 댄서의 몸짓에 격발된 영혼의 비명이 순식간에 쏟아져나오는 것, 그것이 두엔데다. 이런 순간이면 사람들은 옷을 찢고 컵과 접시를 깨뜨리는가 하면 심지어 유리창을 깨고 건물에서 뛰어내리기까지 한다고 한다.

나는 막상 플라멩코의 고향인 안달루시아에서는 이 춤을 보지 못했고 바르셀로나에서 보았을 뿐이다. 바르셀로나 사람들은 자기네가 최고라고 하는데, 막상 마드리드에선 '전국의 일류 플라멩코 연주자들이 수도인 마드리드로 올라오니 마드리드 플라멩코가 최고'라는 말도 들었다.

막상 가보니 그날의 플라멩코는 죽음을 연상시키는 비장한 제의가 아니라 저녁을 먹고 편하게 즐기는 음악이고 춤이었다. 짙은 화장을 한 댄서는 무대 위에서 너무나 강렬한 에너지를 발산했기 때문인지 무척 커 보였지만 막상 가까이에서 보니 자그마한 아가씨였다.

공연을 보고 나서는 플라멩코 댄서와 관객이 한 사람씩 무대에 올라와 춤을 추는 시간이 마련되었다. 맙소사! 서양 할머니들의 춤솜씨는 경악할 만했다. 젊었을 때 한 가락이 아니라 여러 가락 했을 법한 비범한, 그리고 세련되고 파워풀한 춤솜씨였다. 심지어 할리우드 영화에서나 볼 법한, 허리를 조금 수그리고 가슴을 흔드는 춤을 선보인 할머니의 춤사위에 우리들은 입을 떡 벌릴 뿐이었다.

우리 옆 테이블엔 중국인 남녀 세 사람이 앉아 있었는데 이번엔 그들의 차례가 왔다. 무희가 한 사람씩 손을 잡고 무대에 올렸다. 놀랍게도 그이들은 모두 하나같이 우리의 아리랑 춤 비슷한 것을 추고 있었다. 미소를 지으면서 어깨와 손을 부드럽게 위아래로 움직이는 춤 말이다. 순식간에 무대 주위로 썰렁한 기운이 엄습했다.

그 다음 차례, 우리 테이블에선 기다릴 것도 없이 자원해 무대로 걸어올라갔다. 여기저기서 박수가 터졌다. 프랑스 몽펠리에 보병학교에서 연수를 받고 있던 군인이었다. 그는 귀국하면 대위를 달고 중대장을 해야 한다고 했다. 숙소에 있던 (아직 군대를 안 간) 사내녀석들은 그를 꼭 "중대장님"이라고 불러서 화기애애한 분위기를 만들곤 했는데, 그는 역시 예비 중대장답게 씩씩했다. "중대장님"은 우리의 기대(대한 남아의 춤솜씨를 얼마나 기대했던가!)에 전혀 어긋나지 않게 최첨단 춤실력을 뽐냈다. 개선장군처럼 박수를 받으며 돌아오는 그의 어깨를 여러 개의 우정어린 손이 토닥였다.

다음으로 그와 프로레슬링 태그 매치를 하듯 손바닥을 마주치고 무대로 올라간 선수는 건축가 지망생 여인네였다. 아, 정말 놀라운 춤이었다. 찰랑찰랑한 머리를 힘있게 흔들며 스텝을 밟기 시작하자 여기저기서 탄성이 터져나왔다. 좌우로 빠르게 팔을 뻗치고 턴, 그리고 고개를 젖힌 다음 스텝을 밟았고, 그녀의 발놀림에 맞추어 플라멩코 댄서의 발놀림도 정교해지고 빨라졌다. 와우 하는 응원 소리와 감탄의 박수 소리, 휘파람 소리가 거기 있던 모두를 휘감아 넋을 놓게 했다. 새빨갛게 상기된 표정으로 플라멩코 무희와 어깨동무를 하고 사진을 찍던 그날 밤을 떠올리면 입가에 떠오르는 미소를 지울 수 없다.

어느 혁명가의 초상
:: 안토니오 그람시를 찾아서

나는 내 여행수첩에 이렇게 써두었다. '로마에 가면, 맨 처음 안토니오 그람시를.' 그를 찾는 것은 쉽지 않았다. 떠나기 전에 이탈리아 문화원에 전화를 걸었다. 레닌 이후 가장 독창적인 마르크스주의 사상가, 정치가, 언론인, 노동운동가 그리고 혁명가였던 이 사람을 (서울) 이탈리아 문화원의 직원은 모르고 있었다. "그람시요? 잘 모르겠군요. 영화배우라도 되나요?" 전화선 너머로 들려오는 목소리는 궁금해하는 건지 놀리는 건지 아리송했다. 어떤 이는 이탈리아의 자랑은 고대 유적이 아니라 안토니오 그람시라고까지 하던데. 여행을 떠나기 며칠 전 이메일이 왔다. 그람시는 로마에서 죽었는데 나폴리로 이장되었다가, 어떤 이유에선지는 모르겠지만 다시 로마로 옮겨져 지금은 로마 개신교인 공동묘지에 묻혀 있다는 것이다. 문화원에서 알려준 주소는 이렇다. 'Via Caio Cestio, 6 Cimieto di Protestanti'

이탈리아의 혁명가, 노동운동가, 사상가, 편집인이었던 안토니오 그람시. 1891년 사르데냐에서 태어나 46세에 파시스트의 감옥에서 죽었다. 사진은 서른 살 무렵이던 1922년에 찍은 것이다.

니스에서 밤기차를 타고 이른 아침 로마에 도착했다. 우연히 동행했던 한국 여인네들은 내리자마자 대충 길가에 걸터앉아 맛있게 담배 한 대씩을 피워 물었다. 미간을 조금 찡그리며 연기를 뿜어내는 표정에 행복감이 묻어난다. 그네들이 예약해두었다는 숙소를 찾아가보니 연변 동포의 민박이었다. 아, 며칠간은 한국밥을 먹을 수 있게 됐으니 잘됐다. 짐을 풀고 서둘러 씻었다.

이렇게 화창한 날엔 1분이라도 빨리 로마의 햇살에 멱을 감아야지. 숙소를 나와 테르미니 역 근처 기념품점에 들러 로마 지도를 사고 나서 늙수그레한 주인에게 길을 물었다. 그는 그람시? 하고 되묻고는 눈을 가늘게 뜨고 내 얼굴을 뜯어보더니, 복면을 한 사파티스타 부사령관 마르코스의 얼굴이 그려진 내 티셔츠를 흘낏 쳐다보는 것이었다. 그러더니 알 만하다는 듯이 웃으며 에헤, 탄성을 지르고 다정하게 어깨를 툭툭 치더니 가는 길을 일러주었다.

　가이드북에는 로마에서는 반드시 차표를 미리 사두어야 하고(차 안에서는 돈을 안 받는다) 무임승차를 하다 적발되면 이유를 막론하고 단호하게 (!) 수십 배나 되는 벌금을 물린다고 씌어 있다. 차표도 없이 냉큼 차를 올라탄 나는 그게 생각나 덜컥 겁이 났다. 차비를 (현금으로) 내려 했지만 선글라스를 낀 젊은 운전사는 손을 내젓고, 승객들은 빙그레 웃으며 그러지 말라고 손사래를 치는 것이었다. 말을 알아들을 수는 없었지만 돈 낼 필요 없다는 분위기였다. 그날은 일요일이었는데 돈을 안 내도 되는 날이었을까? 아니면 이왕 이렇게 된 거 그냥 가라는 거였을까? 지금도 궁금하다.

　아무튼 기사는 내가 내리겠다는 정류장 근처에 차를 세우더니 만원버스 중간쯤에 낀 내가 내릴 수 있도록 충분히 기다린 다음 문을 열어주었다. 어리둥절했지만 기분은 좋았다. 아니 이탈리아인들이 원래 다 이렇게 친절하단 말인가!

　버스에서 내려 주위를 둘러보니 피라미드(이탈리아어로는 '피라미데'라고 하나보다)가 우뚝 솟아 있었다. 견고하게 둘러친 긴 담을 따라가니 육중한 철문이 나온다. 검게 칠한 철문은 굳게 닫혀 있어 나를 포함한 몇 사람이 잠시 그 앞에서 서성거렸다. 문을 닫는 날인가? 혼자 중얼거리다 길게 늘어뜨려진 쇠사슬을 잡아당겨보았다. 순간 종이 울렸다. 그러니까 그게 '이리 오너라'는 신호였던 셈이다.

　묘지는 흡사 공원 같았다. 동네 사람들은 묘지의 벤치에 앉아 점심을 먹거나, 묘비 장식을 구경하며 품평을 하기도 한다. 묘석이나 장식, 크기들

유럽의 묘지에서 흔히 볼 수 있는 '슬픔의 천사'. 천편일률적인 형상이지만 죽은 이를 보내는 이들의 애틋한 슬픔이 어려 있어 쉬 지나칠 수 없게 한다.

은 제각각이고 가끔 꽤 예술적인 것도 있다. 유럽의 묘지엔 '슬픔의 천사' 라는 조각이 흔하다. 묘비 옆이나 뒤에서 날개 달린 천사가 얼굴을 파묻고 흐느끼는 조각이다. 상투적이고 뻔한 형상이지만 슬프다. 부담스러우리만 치 슬프다. 그 슬픔의 무게는 아주아주 무겁게 어깨를 짓누른다. 우리가 죽음에 의해 누군가와 영원히 나뉜다고 할 때 슬픔은 언제 어디서 오는 것 일까? 그것은 아주 천천히 올 것만 같다. 어느 날, 그(그녀)의 빈자리를 훔

칫 발견하고 새삼 부재를 확인했을 때, 슬픔은 도둑처럼 벼락처럼 우리 명치를 파고드는 게 아닐까.

그람시는 지지리도 가난했던 수재였다. 외투도 없이 살았고 영양실조에 시달릴 정도였다. 그는 조용하고 말이 없었으며 친구들과 어울리는 것을 싫어했다. 그의 불구, 즉 꼽추라는 신체조건 때문이었을지도 모른다. 그는 고교시절 하숙집 계단을 아주 천천히, 힘겹게 오른 다음 친구들과 어울리지 않고 조용히 자기 방으로 들어가버리곤 했다. 그 시절의 친구 중 하나는 이렇게 말한다.

그는 보기 흉한 모습은 아니었습니다. 넓은 이마, 물결치는 금발, 그리고 안경 너머로 빛나는 푸른 눈의 소유자였습니다. 날카롭고 찌르는 듯한 시선이 인상적이었습니다.

그를 고독으로 내몬 것은 비참한 가난이었다. 하지만 가난은 그를 파괴하지 못했으며 그로부터 자라난 반역의 본능이 그를 일으켜 세웠다. 그는 단호한 목소리로 이렇게 말한다.

나는 산다는 것은 당원이 된다는 것임을 의미한다고 믿는다. 참되게 사는 자는 시민일 수밖에 없고 당파에 속하지 않을 수 없다. 나는 무관심한 사람들을 증오한다.

물론이다. 팔짱을 낀 구경꾼의 낙관주의는 경멸받아 마땅하다. 이렇게 극단으로 나뉜 세상에서, 한 줌밖에 안 되는 부유한 사람들이 부와 권력의 대부분을 움켜쥐고 있는 세상에서 객관적인 중립이라는 게 말이 되는가.

그람시를 생각하면 타비아니 형제의 영화 〈파드레 파드로네〉를 떠올리게 된다. 이탈리아 남부와 북부는 두 개의 국가라고 할 만큼 극단적으로 대비된다. 북부 공업지대는 부유하지만 남부 농업지대는 가난하고 문맹률이 높다. 이 영화의 무대인 시칠리아 사람들은 가혹한 노동을 통해 겨우 생존을 허락받을 뿐이다. 이런 삶에 인간을 인간답게 하는 문화가 끼어들여지는 없다. 주인공 파올로 역시 어린 나이에 학교에서 끌려나와 양치기가 된다. 인가에서 멀리 떨어진 황량한 들판에서 양과 함께 원시적으로 살아가는 파올로에게 어느 날 고장 난 아코디언을 어깨에 멘 젊은이 둘이 들판을 가로질러 다가온다. 파올로는 비로소 양치기의 숙명이 아닌 '다른 삶'이 있음을 깨닫는다. 파올로는 군에 입대해 동료에게 겨우 글을 배워 각고의 노력 끝에 로마대학 언어학 교수가 된다. 시칠리아 출신 양치기의 이 입지전적인 생애를 통해 타비아니 형제는 절망에 빠진 유럽의 좌익들에게 다시 한번 더 혁명에 대한 열정과 새로운 삶에 대한 전망을 불러일으키려 했다.

'새는 알을 깨고 날아오르기 위해 투쟁한다'는 헤르만 헤세의 경구처럼 누구나 자신의 한계를 깨뜨리고 비상하기 위해서는 자기 자신과의 싸움, 그리고 자신을 둘러싼 적대적 환경과의 싸움을 피할 수 없다. 마르크스는 이를 혁명적 실천이라 불렀다. 그람시 역시 파올로처럼 낙후된 남부 출신의 가난뱅이였고 거기다 불구였으며 평생 간단없는 투쟁으로 점철된 삶을 살았다. 그리고 파시스트의 감옥에서 삶을 마쳤다.

워낙 많은 사람들이 찾기 때문일까? 묘지에 들어서자마자 그람시라고 씌어진 표지가 보인다. 표석을 따라 오른쪽으로 걸어가니 아담하고 단아한 묘비가 나왔다. 묘비엔 안토니오 그람시라는 음각이 또렷하다. 세상은 너무도 많이 변했다. 그가 창당했던 이탈리아 공산당은

한때 서구에서 가장 강력한 좌파정당이었지만 지금은 간판을 내리고 좌익민주당으로 옷을 갈아입었다. 또한 그가 창간했던 공산당 기관지 〈우니타(단결)〉는 한때 주말판을 백만 부 넘게 발행할 정도였지만 지금은 재정난으로 토리노 제노바 지역 발행소가 폐쇄되고 근근히 명맥을 이어가고 있을 뿐이다.

그람시는 사르데냐 출신이지만 피에몬테에서 국회의원에 당선되었다. 국회의원 그람시가 귀향했을 때 평생 가난하게 살아온 농부들의 반응이 재미있다. "당신이 본토에서 무슨 당에 속해 있는지 말해달라"는 농부들에게 그람시는 자신이 속한 공산당에 대해 설명한다. 그 말을 들은 농부들의 반응은 이랬다. "힘들게 가난뱅이 동네를 떠나놓고 왜 또 가난뱅이 당에 들어갔는지 모르겠구먼."

사람들은 여전히 '행복해지는 것을 두려워한다'. 근본적 변화에 필요 불가결한 창조적 파괴와 새로운 질서가 형성되는 도상에서 마주치게 될 혼돈을 두려워하는 것이다. 그가 말했듯이 옛것은 (이미) 죽었고 새것은 아

직 태어나지 않았다. 서울에서, 시애틀에서, 카라카스에서, 네팔에서 여전히 사람들은 자신과 세계의 운명을 바꾸기 위해 투쟁하고 있지만 신자유주의의 위력은 강고하기만 하다. 그러나 아직 역사의 조종이 울리긴 멀었다. 브레히트는 이렇게 노래했다.

아, 어떻게 우리가 이 작은 장미를 기록할 수 있을 것인가?
갑자기 검붉은 색깔의 어린 장미가 가까이서 눈에 띄는데.
아, 우리가 장미를 찾아온 것은 아니었지만
우리가 왔을 때, 장미는 거기에 피어 있었다.

장미가 그곳에 피어나기 전에는, 아무도 장미를 기대하지 않았다.
장미가 그곳에 피었을 때는, 아무도 장미를 믿으려 하지 않았다.
아, 출발도 한 적 없는 것이, 목적지에 도착했구나.
하지만 모든 일이 워낙 그렇지 않았던가?

그람시가 체포된 것은 1936년 11월, 당시 그의 나이는 서른다섯이었다. 세계가 전쟁의 불구덩이에 끌려들어가기 십여 년 전이었다. 파시스트의 법정에서 검사는 그람시를 가리키며 이렇게 소리쳤다고 한다. "20년간은 저 두뇌가 움직이지 못하도록 해둬야 한다."

감옥에서 아내 줄리아와 아들 델리오에게 보낸 그람시의 편지에는 그리움과 외로움이 짙게 묻어 있다. 그는 강철 같은 혁명가였지만 또한 소박한 사르데냐 사람이었다. 그토록 비참한 가난 속에서 자식들을 길러낸

일리야 레핀, 「아무도 기다리지 않았다」, 캔버스에 유채, 160.5×167.5cm, 1884~88, 트레차코프 미술관

어머니도 가족들도 하녀도 아무도 기다리지 않았지만 혁명가는 결국 다시 돌아왔다. 혹독한 유형을 증거하듯 옷은 남루하나 그 눈빛은 여전히 형형하게 빛난다. 지금 우리에게 부족한 것 중 하나는 믿음과 견고한 기다림인지 모른다.

그람시의 가족. 아내 줄리아와 두 아들 델리오와 줄리아노. 아들은 그토록 오랫동안 멀리 떨어져 혁명에 헌신했던 아버지를 어떤 이로 기억하고 있을까?

어머니에 대한 연민과 감사의 마음은 평생 그람시의 가슴에 남아 있었다. 고통과 궁핍을 통해 생겨난 연대와 애정의 끈을 무엇보다 소중하게 생각했던 것이다. 그가 아들 델리오에게 보낸 편지는 애정 어린 충고와 교훈적인 동화로 따스하다. 그는 아내를 그리워했으나 아내에게서는 이따금 애정이 넘치는 편지와 아무 의미 없는 단편적인 쪽지에 불과한 편지들이 올 뿐이었다. 마치 서로 다른 방향을 바라보며 독백을 하는 듯했다. 사실은 그의 아내 역시 병마에 시달리고 있었다. 그는 다시 아내에게 편지를 쓴다.

"사랑하는 여보, 나는 이런 일들을 생각하고 우리들의 생활이 이렇게 오래(여하튼 내 생애의 사분의 일, 당신 생애의 사분의 일 이상) 헤어진 채로 지나가버린 것을 떠올리면 너무도 암담한 기분에 사로잡히오. 그렇지만 이런 생각과 싸워 이겨, 힘을 내고 굳세게 살아가지 않으면 안 되오."

그람시는 형기를 마치고 고향 마을로 돌아가기로 한 바로 그날 숨을 거두었다. 그의 나이는 마흔여섯 살이었다. 세월을 거슬러 파시스트의 법정에서 재판을 받기 직전에 어머니에게 쓴 편지가 귓가에 쟁쟁하다. "어머니, 저는 이렇게밖에는 살 길이 없었던 것입니다. 이것이 인생이라는 거지요. 정말 쓰라린 일입니다."

햇빛이 찬란하다. 땅바닥에 앉아 안토니오 그람시라고 음각된 묘비와 묘비를 감싼 담쟁이 덩굴을 찬찬히 뜯어본다. 감옥에 갇힌 그는 그의 옥바라지를 했던 처형 타티아나에게 감방으로 날아들어온 참새에 관한 자세한 편지를 쓴다. 성 프란시스코는 새들과도 대화를 나누었다고 한다. 나는 그랬을 거라고 믿는다. 참새에 대해서는 아는 바가 없지만, 사람은 슬픔과 고독을 통해 주위의 사소한 것들과 더 가까워지고, 더 잘 이해하게 되며, 듣지 않고도 헤아릴 수 있게 된다. 인간이 인간다워지려면 고독과 슬픔과 좌절을 경험해보아야 한다.

어렵사리 자리를 털고 일어나 묘지 여기저기를 거닐었다. 호스를 끌어와 묘비를 씻고, 화분의 흙을 갈며 주위를 손질하는 여자가 있었다. 물끄러미 구경하고 있는데 눈이 마주쳤다. 활짝 웃으며 뭐라고 설명을 해댄다. 누구의 묘고, 몇 달에 한 번씩 와서 이렇게 손질을 한다는 그런 얘기가 아닐까? 마치 오래된 친구라도 되는 양 친근하게 말을 건네는 사람에게 나는 또 조금 감격해 활짝 웃으며 고개를 끄덕여주었다.

르네상스의 빛과 그림자
:: 다 빈치와 미켈란젤로의 도시 피렌체

　라벤나에서 볼로냐를 거쳐 피렌체에 도착했을 때는 밤 열시가 넘었다. "피렌체 역 앞에서 버스를 타고 ○○○에 내리세요. 기다리고 있을 테니." 수화기 저편에서 들려오던 젊은 여자의 목소리를 떠올렸다. 내가 탈 버스는 한참 만에야 나타났다. 그녀가 일러준 대로 대여섯 정거장을 지나 차를 내리니 한눈에 한국사람으로 보이는 여자가 정류장에서 서성거리고 있었다. 그녀는 피렌체에서 스테인드글라스 제작을 배우는 선배의 집을 몇 달간 지키고 있는 거라고 했다. 나는 순간 '그걸 배워서 어디에 쓰지'라는 생각이 들어 그녀의 얼굴을 힐끔 바라보았으나 말을 꿀꺽 삼켰다.

　아펜니노 산자락 아래 햇살을 가득 받고 서 있는 둥근 지붕들과 뾰족한 탑들, 도시를 둘러싼 포도원과 올리브 농장, 정원들, 호화로운 별장들, 저 멀리 골짜기를 휘돌아 흘러오는 아름다운 토스카나의 젖줄 아르노 강의

피렌체 어디에서나 보이는 돔. 이 돔을 푯대 삼아 골목길을 따라가면 산타 마리아 대성당이 나온다. 그 거대한 규모와 실현 불가능해 보이는 설계안에 질려 모두들 무모하다고 했던 이 돔을 브루넬레스키는 16년에 걸쳐 사투 끝에 완성했다.

은물결, 거기에 인류 역사상 유례없는 위대한 천재들의 손길이 안 닿은 곳 없는 보석 같은 도시가 바로 피렌체다. '꽃의 도시' 피렌체의 상징은 산타 마리아 델 피오레Santa Maria del Fiore 대성당의 거대한 돔이다. 흰색과 초록색, 분홍색 대리석을 차곡차곡 쌓아올린 이 성당엔 필리포 브루넬레스키의 주황색 돔이 올라앉아 있다. 이 기념비적인 돔은 피렌체를 지배했던 메디치 가의 위용을 연상시키는 모습으로 도시 전체를 굽어보고 있다. 어디서 출발하든 대충 돔을 푯대 삼아 골목골목을 누비며 아르노 강 쪽으로 걸어내려가면 이 성당에 닿고, 여기에서 조금 더 걸어가면 우피치Uffizi 미술관이 있다. 딴에 서둘러 숙소를 나왔지만 벌써 우피치 미술관에는 줄이 길게 늘어서 있었다. 줄은 좀처럼 줄어들지 않았다. 전시장 안에 들어갈 관객의 수를 늘 일정하게 제한하기 때문이다. 세 시간이나 줄을 선 끝에 우피치에 들어갈 수 있었다.

애초에 우피치는 행정 관청으로 지어졌다. 당시 피렌체 지배자였던 코시모 메디치는 좀더 효율적인 통치를 위해 행정 관청을 신축하려 했고 『르네상스 미술가 열전』으로 유명한 전기 작가이자 건축가인 조르조 바사리가 건축을 맡았다. 예술품을 사랑했고 열성적으로 예술가들을 후원했던 메디치 가는 대를 이어 수많은 미술품을 수집했다. 메디치의 마지막 상속녀였던 안나 마리아 루도비카는 질과 양에서 타의 추종을 불허했던 이 보물들을 우피치에 기증했고, 이제 사람들은 목을 길게 늘여 빼고 그 유산을 구경하는 중이다. 메디치의 유산이니만큼 복도에는 옛 메디치 일족들의 흉상과 조각상들이 늘어서 우피치의 이곳저곳을 날카롭게 쏘아보고 있다.

〈수태고지 受胎告知〉. 천사가 동정녀 마리아에게 인류의 구원자를 잉태하

시모네 마르티니와 리포 멤미, 「수태고지」, 1333년, 시에나 대성당의 제단화, 우피치 미술관, 피렌체

리라고 알리는 이 놀라운 사건을 테마로 한 그림은 이곳 우피치에만도 여러 편인데 이를 해석하는 화가들의 다양한 관점이 드러난다. 신의 뜻을 소명으로 알고 순종하려는 마리아가 있는가 하면, 사색적이고 이성적인 다빈치의 성모도 있고, 보티첼리의 마리아는 아예 몸을 피해 달아나려고 한다. 그럴 법도 하다. 평범한 여자의 몸으로 장차 죄 많은 인간을 구원할 그리스도를 잉태하는 엄청난 일인데! 하지만 시모네 마르티니의 그림은 정말 무엇보다 사랑스럽다. 시적인 아름다움과 우아하고 숭고한 분위기로

충만한 그림에서 천사는 지금 시에나의 상징인 올리브 한 송이를 들고 있다. 성모의 상징인 순결한 백합은 자세히 보면 전경에서 조금 뒤로 물러나 있는데, 시에나 화가인 마르티니는 당시 앙숙이었던 이웃한 도시국가 피렌체의 상징이 백합이어서 이렇게 조금 밀쳐두었다고 한다. 백합은 숱한 전설과 꽃말을 낳은 꽃인데 베네딕트회 수도사인 성 베다는 백합의 희디힌 꽃잎은 성모의 순결함을, 황금빛 꽃술은 그녀의 영혼이 뿜어내는 빛과 같은 형상이라고 찬양했다.

고딕 성당의 신비한 푸른빛을 연상케하는 성스러운 푸른 옷을 입은 마리아에게 눈부신 황금빛 옷을 입은 천사는 "마리아여, 은총을 받으소서"라고 말하고 있는 중이다. 천사의 날개와 궁륭의 형태는 교묘하게 조화를 이루었고 아직 접히지 않은 천사의 날개와 펄럭이는 옷자락은 화면에 미묘한 율동감을 부여한다. 시모네 마르티니의 솜씨는, 이토록 엄숙하고 극적인 사건과는 조금 어울리지 않을 만큼 세련되고 날아갈듯 경쾌하기만 해서 조금 비현실적으로 보이기도 한다.

자리를 옮겨 보티첼리의 〈비너스의 탄생〉 앞에서 나는 또 한 번 놀랐다. 미술책에 손바닥만 하게 실린 작품은 사실 한쪽 벽면을 온통 차지할 정도로 큰 그림이었다. 그 앞에서 한참을 움직이지 못했다. 비너스의 목과 팔이 지나치게 길고 어깨의 곡선과 목 위에 얹힌 머리 모양이 어색하다든가, 또는 조가비와 물결무늬의 묘사가 유치하다든가 하는 단점 따위는 외려 사소해 보인다. 월터 페이터는 보티첼리에 대해 이렇게 말한다. "그는 무엇보다 시적인 화가였다. 시 예술의 매체인 이야기와 감정의 매력을 추상적 회화예술의 매체인 선과 색채의 매력과 조화롭게 융합시킨 것이다."

금빛으로 물결치는 풍성한 머리카락, 매혹적으로 흐르는 선, 우수에 젖은 비너스의 눈. 그리스 신화를 그린 시시한 그림 한 장이라고 생각했던 그간의 선입견이 봄눈 녹듯 사라져버렸다. 비너스의 우수에는 이유가 있다. 그림의 모델은 당시 피렌체에서 가장 아름다운 여인이라고 소문이 났던 시모네타 베스푸치였다. 이 아름다운 여인은 그만 젊은 나이에 세상을 뜨고 말았다. 그래서일까, 비너스에게서는 봄의 환희와 발랄한 생기보다는 건너편에 자기 차례를 기다리고 있을 소멸의 기운이 느껴진다.

단체 관람객을 잔뜩 이끌고 온 가이드의 설명이 들려왔다. 그녀는 관광객들을 페루지노와 다 빈치의 그림 앞으로 안내하더니 단 한마디로 두 사람을 비교해버렸다. "페루지노는 페인터이고, 다 빈치는 사이언티스트다." 너무나 명쾌해서 감탄했지만 또 한편 알 듯 모를 듯한 말이었다. 페인터와 사이언티스트라. 아무튼 그녀는 박식한 데다 그림의 핵심을 요약하여 간결하게 전하는 솜씨가 일품이었다. 저런 가이드라면 몇십 유로를 줘도 아깝지 않을 것이다.

우피치에는 이탈리아 르네상스 화가들의 작품뿐 아니라 고야와 렘브란트 등의 작품도 있다. 프라도에서도 보았던 〈친촌 백작부인〉이 여기에도 있었다. 프라도에 걸린 것은 다소곳이 의자에 앉아 있는 모습이지만 우피치에 걸린 것은 같은 옷을 입고 서 있는 그림이다. 첫눈에 공들인 그림이구나 싶었다. 목걸이나 옷의 띠 장식 등의 화려하고 세밀한 사실적 묘사, 하늘거리는 얇은 드레스 한 겹 한 겹까지 포착해낸 집중력과 섬세한 표현 등은 그가 이 그림에 얼마나 공을 들였나를 보여준다. 고야는 이 사람을 사랑했던 것일까? 카를로스 4세 가족을 우스꽝스럽기 그지없이 그려냈던

프란시스코 고야, 「친촌 백작부인」, 캔버스에 유채, 216×144cm, 1800, 프라도 미술관, 마드리드

브란트, 「자화상」, 캔버스에 유채, 86×70.5cm, 1669, 내셔널 갤러리, 런던

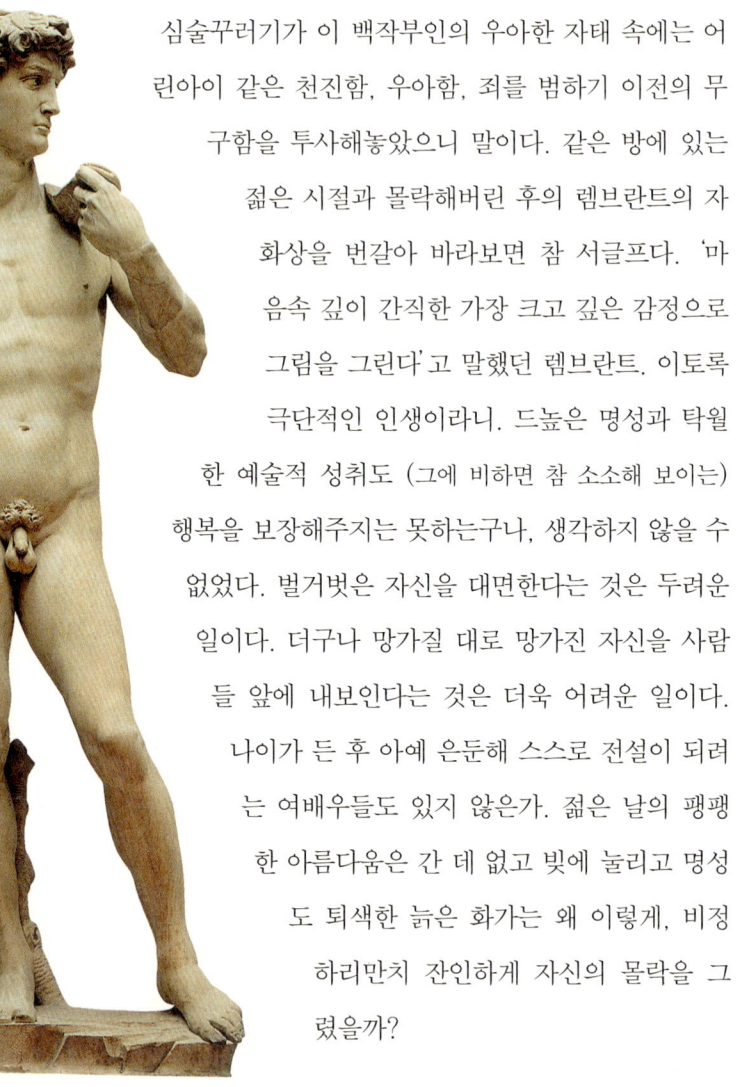

심술꾸러기가 이 백작부인의 우아한 자태 속에는 어린아이 같은 천진함, 우아함, 죄를 범하기 이전의 무구함을 투사해놓았으니 말이다. 같은 방에 있는 젊은 시절과 몰락해버린 후의 렘브란트의 자화상을 번갈아 바라보면 참 서글프다. '마음속 깊이 간직한 가장 크고 깊은 감정으로 그림을 그린다'고 말했던 렘브란트. 이토록 극단적인 인생이라니. 드높은 명성과 탁월한 예술적 성취도 (그에 비하면 참 소소해 보이는) 행복을 보장해주지는 못하는구나, 생각하지 않을 수 없었다. 벌거벗은 자신을 대면한다는 것은 두려운 일이다. 더구나 망가질 대로 망가진 자신을 사람들 앞에 내보인다는 것은 더욱 어려운 일이다. 나이가 든 후 아예 은둔해 스스로 전설이 되려는 여배우들도 있지 않은가. 젊은 날의 팽팽한 아름다움은 간 데 없고 빛에 눌리고 명성도 퇴색한 늙은 화가는 왜 이렇게, 비정하리만치 잔인하게 자신의 몰락을 그렸을까?

미켈란젤로, 「다비드」, 1501~1504, 대리석, 높이 410cm, 아카데미아 미술관, 피렌체
시뇨리아 광장과 미켈란젤로 광장에 있는 것은 복제품이고 원본은 아카데미아 미술관에 있다.

피렌체를 흐르는 아르노 강은 볼품없는 황톳빛이었다. 저 강으로 얼마나 많

은 주검이 떠내려갔을까? 예술적으로야 르네상스는 전례 없을 만큼 위대한 황금시대였지만 전란으로 날을 샜던 이 시대 민중들의 삶은 끔찍한 것이었다. 1524~25년에 걸쳐 독일 각처에서 일어난 농민봉기, 보헤미아에서 후스의 반란, 사보나롤라 혁명정권의 출현과 그의 처형에서 볼 수 있듯 유럽 전역은 무서운 계급투쟁의 소용돌이에 휩쓸렸다. 악명 높은 밀라노의 조반니와 마찬가지로 예술가들을 불러모으고 후원했던 메디치 가 역시 피렌체의 독재자 아니었던가. 이 시기는 야심가들이 들끓고 음모와 배신, 살인과 협잡이 횡행한 암흑기이기도 했다. 힘센 자들은 누구나 권력을 탐했고, 검으로 탈취한 왕관엔 정통성이라곤 없었다. 불법에 의한 권력은 권력자를 고독하게 만들었고 그가 맺을 수 있는 가장 명예로운 관계는 정신적으로 고상한 지성들과의 관계였다. 권력자가 후원한 탁월한 지성들은 그 대가로 사후에 그의 명성을 확보해주지 않겠는가. 이 처참한 시절에, 그토록 탁월한 천재들이 재능을 꽃피웠던 황금시대에, 민중들의 고통과 전쟁의 참화를 증언하는 예술 작품을 찾아보기 어렵다는 사실은 정말 놀라운 일이다.

어빙 스톤은 방대한 전기에서 미켈란젤로의 삶을 꽤 감상적으로 묘사하고 있다. 비천한 신분, 보잘것없는 외모, 과도한 자의식을 지닌 천재. 적지 않은 돈을 벌었으나 끊임없이 가족들의 성화(돈을 달라!)에 시달렸고, 사랑하나 얻지 못했으며 고단한 노동자이기도 했다. 아카데미아에는 미켈란젤로의 조각 외에는 볼 것이 없다. 거기에 그 유명한 다비드 상이 있다. 공화국 수호자를 상징한다는 상에서는 아름다움과 젊음, 힘과 용기, 그러면서도 왠지 불안정하고 불균형한 젊음의 이상이 느껴진다. 다비드가 공화국을 상징한다면 골리앗은 무엇이었을까? 이웃한 강대국 프랑스였을까, 아니면 포악한 전제군주였을까? 성서 속 다윗은 파렴치한 음모가였다. 안병무 선생은 다윗의 파란만장하고 피투성이 같은 생애를 두고 거기서 민중의 한 전형을 보고 있지만 나는 아니다. 성서가 다윗을 신의 은총을 허락받은 자로 묘사한 것은 그가 권좌에 있던 9세기에서 10세기에 성서를 편집했기 때문일 것이다. 그러고 보면 역사란 대체 무엇일까?

입구 쪽에 있는 것은 〈아틀라스―노예〉. 이 조각에서 인간의 몸은 아직 돌에 갇혀 있다. 그는 족쇄를 깨뜨리기 위해 고통스럽게 몸부림치고 있다. 그 족쇄는 육신을 옥죄는 사슬일 수도 있고 차별과 가난일 수 있으며, 미망일 수도 광기일 수도 있다. 물론 노예는 우리 자신일 수도 있으리라. 미켈란젤로의 맞수였던 우아한 미남자 다 빈치는 회화를 최고로 쳤고 조각은 단순한 육체노동에 지나지 않는다고 경멸했다. 하지만 미켈란젤로는 예술의 본질은 자연에서 쓸데없고 조잡한 것을 없애는 것이라 보았고, 당연히 제거를 통해 원하는 것을 얻는 조각을 최고로 여겼다. 그래서 조각가가 신과 가장 가깝다고 생각했던 것이다. 신이 진흙에서 생명을 창조했듯 조각가는 돌에서 미를 끌어내니까. 임종 직전에도 "이제야 조각의 기본을 겨우 안 것 같은데 죽어야 하다니"라고 했던 미켈란젤로. 어쩌면 그는 죽어서도 돌을 쪼고 있을지 모르겠다.

자유를 얻기 위해 몸부림치는 노예, 해방을 얻기 위해 돌멩이를 움켜쥔 다윗의 모습에서 전제 군주에게 고용된 예술가 신세를 면치 못했을 미켈란젤로와 다 빈치를 생각하지 않을 수 없었다. 그토록 자유를 사랑했기에 새장에 갇힌 새를 보면 돈을 주고 사서 날려보내주었다는 다 빈치는 어쩌면

새에게서 동병상련의 정을 느꼈는지도 모른다.

다음날, 아침 일찍 일어났다. 오후에는 로마로 떠나야 하기 때문이다. 버스를 타고 강 건너 카르미네 성당으로 갔다. 이 성당 안의 브란카치 소성당에 마솔리노Masolino와 마사초Masaccio의 벽화가 있기 때문이다. 마솔리노는 유혹에 빠진 아담과 이브를 그렸고, 마사초는 에덴동산에서 쫓겨나는 아담과 이브, 그리고 개종자들에게 세례를 주고 병을 고치는 베드로를 그렸다. 마사초는 가난했고 늘 빚에 시달렸다고 한다. 저 벽화에서 그가 그린 베드로의 그림자, 눈 덮인 풍경과 잔물결은 자연현상을 화폭에 옮긴 최초의 시도였다. 성화에 미천한 사람을 등장시킨 최초의 화가

마사초, 「에덴에서 쫓겨나는 아담과 이브」, 1425, 프레스코, 카르미네 성당 안의 브란카치 예배당, 피렌체

로 기록되어 있는 마사초는 불행히도 스물일곱 젊은 나이에 요절해버렸다.

"아담에게 이르시되 네가 네 아내의 말을 듣고 내가 너더러 먹지 말라고 한 나무 실과를 먹었은즉 땅은 너로 인하여 저주를 받고 너는 종신토록

217

수고하여야 그 소산을 먹으리라."(창세기 3장 17절)

비통하다. 마사초는 세부 묘사 없이 간결하게 낙원에서 쫓겨나는 최초의 인간의 비통함을 그렸다. 아담과 이브가 에덴동산의 동쪽으로 쫓겨난 날은 3월 25일, 바로 예수가 죽은 날이라고 한다. 아담과 이브의 죄로 땅마저도 저주를 받고 땅은 저주의 상징인 엉겅퀴와 가시덤불을 뱉어낼 것이다. 성서에는 하나님이 이들을 쫓아내고 에덴동산 동편에 그룹들과 두루 도는 화염검을 두어 생명나무를 지키게 했다고 기록되어 있다. 성서에 등장하는 그룹은 사람의 머리에 날개 달린 사자의 몸뚱이를 한 생명나무의 수호자라 하는데 마사초는 단지 붉은 옷을 입은 천사로 그렸다. 아담의 입에서 흐느끼는 신음 소리가 들리는 듯하다. 이제야 부끄러움을 알게 된 이브는 오른손으로 가슴을, 왼손으로는 국부를 가리고 꺼이꺼이 울고 있다. 우리는 저렇게 에덴에서 추방당했고 엉겅퀴와 가시덤불 우거진 황무지에서 매일매일 고달프게 땀 흘리며 일용할 양식을 벌고 있다.

강 건너 높은 언덕에서 해질녘 피렌체를 내려다보았다. 미켈란젤로와 다 빈치뿐만 아니라 평생 동안 세례당 청동문 두 개를 만들고 생을 마감한, 실로 존경할 만한 성실성과 장인정신을 보여준 기베르티, 기베르티의 일생의 라이벌이자 피렌체의 상징인 돔을 만든 브루넬레스키, 그리고 조토Giotto와 마사초 등의 정신이 또렷한 피렌체. 단테가 살았던 집과 보티첼리의 작업실, 미켈란젤로가 매일 걷던 오솔길이 있는 도시. 그런가 하면 프라 안젤리코와 사보나롤라의 정신이 깃든 산 마르코 성당과 수백 개의 미술관이 있는 이 도시를 몇 마디 말로 정의하기란 불가능하다.

사람은 가고 역사도 문자로 기록되어 남아 있을 뿐, 지금 실재하는 것은 저 산과 강, 사람들이 남긴 집과 성당, 다리와 예술작품들뿐이다. 인생은 터무니없이 짧고 예술은 저 혼자 오래도 간다. 책에 대해 사람들이 '나름의 운명을 갖고 있다'고 하듯 예술작품 또한 그런 것 같다. 한때 빛나던 것이 세월이 흘러 잊혀지기도 하고, 반대로 묻혀 있던 것이 걸작으로 판명되기도 한다. 후인들은 예술작품을 거슬러 올라가 그것을 창조한 이의 생애를 '발견'한다. 위대한 천재들은 그렇게, 자신의 창조물을 통해 불멸을 얻는 것이다. 그러므로 어떤 것을 창조한다는 것은 '불멸'에 대한 무의식적인 열망이자 필멸하는 인간의 운명에 대한 반역의 욕구일지도 모른다.

조상 잘 만난 덕에 나 같은 사람들이 뿌리는 돈으로 먹고사는 이탈리아인들에게 질투를 느끼기도 하지만, 그들의 조상 덕에 나 역시 이토록 풍성해질 수 있으니 그도 나쁘지 않다. 미켈란젤로 시대의 작품들은 소위 '퍼블릭 도메인(Public domain: 공유 저작물)', 즉 인류의 유산으로 간주되어 누구나 돈을 들이지 않고도 출판에 사용할 수 있다. 그의 작품을 도판으로나마 누구나 쉽게 볼 수 있는 까닭이 그것이다. 이제 언제 다시 올 수 있을지 알 수 없지만 다시 오게 된다면 라벤나도, 피렌체도, 페루자도, 아시시도 아주 천천히 어슬렁거리면서 둘러볼 것이다. 아주 천천히……

아시시 판화 공방에서 찍어낸 채색 판화. 눈 내리는 겨울날, 이곳에 꼭 다시 오고 싶어진다.

가난한 이들의 성자

:: 아 시 시 의 성 프 란 체 스 코

이탈리아에서 특별히 좋은 인상을 받은 기억은 많지 않다. 바가지요금과 불친절은 몇 번이나 겪은 일이고 귀신 같은 소매치기 얘기는 건너건너 여러 번 들었다. 특히 테르미니 역에서는 조심하라는 경고를 많이 들었다.

유로화가 바닥이 나 환전을 하려고 아무리 찾아봐도 예전에 보았던 토마스 쿡 환전소가 보이지 않았다. 어쩔 수 없이 테르미니 역 안에 있는 사설 환전소를 찾아갔다. 내 불찰이었다. 마음이 급해 수수료가 얼만지 확인을 안 하고 수표에 사인을 해버린 것이다. 오케이, 땡큐! 하고 내미는 돈을 받아 확인하는데, 맙소사, 무릎이 다 떨렸다. 엄청난(!) 수수료를 떼어낸 것이다. 겨우겨우 마음을 추스르고 매표소로 뛰어갔다. 아시시로 가는 차시간이 임박했기 때문이다. 아, 이탈리아 사람들이란! 정말 천하태평이다. 열어놓은 매표창구보다 뒤에서 얼쩡거리는 직원이 더 많았다. 직원이나 손님이나 얼마나 느긋한지, 한국에서라면 벌써 서너 명이 표를 받고 제 갈 길을 갔을 시간에 손님 한 사람 한 사람이 길고 긴 여행 상담을 하고 있다. 결국 아시시로 가는 직행편을 놓쳐버렸다. 그제야 미심쩍은 표정으로 "예매는 했느냐"고 묻던 민박집 아저씨 얼굴이 떠올랐다. 바로 이래서 자꾸 예매 여부를 확인했던 것이다.

이 기차를 타고 처음 라벤나에 갔던 때가 벌써 5년 전이다. 세월은 정말 살같이 흐른다. 그동안 여러 가지 일들이 있었다. 비전 있으리라 생각했던 회사는 풍비박산이 났고 나는 어렵사리 새 일을 구했다. 그 일로 (아마도) 죽기 전까지 생계를 꾸려나갈 것이고 그 시간을 함께 보듬고 살 여자가 생겼다. 셈을 해보니 이 정도면 그리 나쁜 것 같지는 않다. 그런 생각을 하며 무심코 유로스타에서 발행하는 잡지를 펴보다 정말로 가슴을 쓸어내릴 기사를 보고 말았다. '고흐, 고갱, 밀레전'이 지금 열리고 있다는 것이다. 전시가 열리는 곳은 브레시아의 산타 줄리아 미술관인데 브레시아는 밀라노 인근에 있는 도시였다. 이런 전시를 내 평생 볼 수나 있을까 싶은 생각이 들었지만 아무리 가늠을 해봐도 시간이 나질 않았다. 저 사람이다 싶고, 놓치면 반드시 후회할 거라는 걸 알면서도 변변히 말 한마디 못 붙여보고 떠나보낸다는 멍청한 이야기가 생각났다. (왕가위의 〈동사서독〉이 그런 영화 아닌가?) 그런 기사나 그런 사람은 차라리 못 보고 못 만나는 게 나은데!

아시시 조금 못 미쳐 폴리뇨에 내렸다. 여기에서 차를 갈아타야 한다. 성 프란체스코는 아버지의 가업을 이어받아 나귀에 옷감을 싣고 아시시와 가까운 움브리아 지방의 이 작은 도시를 오가곤 했다. 이곳은 그의 회심에 중요한 역할을 했다. 어느 날 성 프란체스코는 우연히 시골길을 걷다가 산다미아노의 다 허물어져가는 교회를 발견했다. 세상의 좋은 것들이 다 허무해 보이고 혐오스러워 보이던 참이었다. 올리브나무로 둘러싸인, 기름도 없어 제단을 밝히는 램프 하나만 가까스로 불을 밝히는 퇴락한 교회에서 기도하던 중 그는 신의 음성을 듣는다. "프란체스코야, 가서 내 집을 복구하라. 다 무너져가는 것이 보이지 않느냐."

기차는 덜컹거리며 이탈리아 중부 움브리아 평원을 지난다. 햇살은 땅으로 스며들 듯 은근하고 공기는 맑고 투명해서 몸이 붕 떠오를 것만 같다. 예각을 이루며 치솟아올라 사람을 위압하는 산줄기나 거친 야생의 덤불, 또는 돌무더기 따위는 전혀 보이지 않는다. 섬세하게 구성한 색면 같고 매끈한 인간의 육체처럼 잘 가꾸어진 들판과 예쁜 집들, 군데군데 무리를 이룬 삼나무들. 아 좋은 땅이다. 이런 곳에서라면 설사 성정이 거친 사람이라도 결국엔 저 부드러운 능선을 닮게 될 것이다. 영화감독 에르마노 올미는 〈우든 크로그〉에서 이런 땅에서 살아가는 농부들의 삶을 위엄 있게 그렸다. 금세기 초반의 농부들은 마치 성 프란체스코와도 같은 절대적인 순종, 온화함, 순박한 금욕주의를 통해 평범한 삶 속에 깃든 신성함을 보여준다. 아, 나도 그처럼 좋은 사람이 되고 싶다. 좋은 사람들을 만나고 좋은 얘기들만 하면서 그이들처럼 '존재'하고 싶다. 그렇게 산다면 비참한 빈곤이 아닌 품위 있는 가난을 선택할 수 있을 것이다. 넋을 놓고 있는 사이에 옆자리에 앉았던 사람이 팔을 건드린다. 아시시에 왔다는 것이다.

'ASISI'라고 쓰인 특이한 타이포그래피가 눈길을 끄는 깔끔한 역사에 내렸다. 사제복을 입은 신부가 휘적휘적 걸어가는 것을 보니 '아시시에

왔구나' 싶었다. 언뜻 보니 신부가 〈인생은 아름다워〉의 감독 겸 배우 로베르토 베니니를 닮아서 속으로 웃었다. 아들이 신부가 되기를 바랐다는 베니니의 어머니는 "아들이 신부가 안 되고 유명한 영화감독 겸 배우가 된 게 서운하지 않느냐"는 기자의 물음에 미리 준비하기라도 한 듯 명쾌하게 내쏘던 게 재미있었다. "이탈리아에 신부는 쌔고 쌨으니까요."

성 프란체스코 성당은 놀랄 만큼 크고 화려했다. 어이없을 정도였다. 성당과 이어진 화장실엔 보란 듯이 50센트라는 가격표가 붙어 있었다. 짜증이 치밀어 올랐다. 이자들은 할 수만 있다면(기술적으로 그게 가능해진다면) 관광객들이 숨쉬는 공기에도 값을 매겨 돈을 받아낼 것이다. 그냥 숨을 쉬는 데는 10유로, 길게 심호흡을 하면 백 유로, 이렇게 돈을 받을 날이 오

지 않을 거라고는 (아마) 장담하지 못할 것이다. 어디에나 청구서가 넘친다. 내키지 않는 마음으로 성당에 들어섰다. 성 프란체스코와 거의 동시대 인이었던 치마부에는 이 성당 벽에 성인의 전 생애를 담은 프레스코화를 그렸다. 사람들은 치마부에가 그린 성 프란체스코의 얼굴이 가장 흡사하다고들 말한다. 비슷한 시대를 살았고 당시 성인의 제자들이 다수 생존해 있었기 때문에 초상을 확인할 수 있었을 것이기 때문이다. 치마부에의 그림이 보여주듯 성 프란체스코는 가늘고 긴 손가락, 마르고 작은 키에 좁은 이마, 약간 긴 얼굴, 아몬드 모양의 검고 투명한 눈을 지녔다.

  그의 전 생애는 온전히 혁명적이었다. 삶의 극적인 선회, 깨달음에 대한 근본적인 실천을 통해 자신을 변화시켰을 뿐 아니라 사람들이 견고한 삶의 지반으로 생각하던 재산과 소유의 근저를 해체해버렸다. 그는 늘 "하

성 프란체스코의 초상. 그와 동시대를 살았던 치마부에의 작품으로, 성당 벽면에 그린 프레스코화이다.

성당 지하 예배당에 안치되어 있는 성 프란체스코의 관. 참배객들은 촛불로 불 밝힌 성인의 관 주위를 돌며 생각에 잠긴다.

느님의 평화를 빕니다"라는 말로 설교를 시작했는데, 피의 복수와 살인, 전쟁으로 날을 지새우던 당시에는 놀랄 만한 선언이었다. 그는 민중의 언어(교양 있어 뵈는 라틴어가 아니라)로 설교했고 상냥했으며 솔직했다. 게다가 그의 설교는 어찌나 손에 잡힐 듯 구체적이고 생생했던지, 예수가 십자가에 못 박히는 장면에 이르러서는 자신뿐 아니라 청중 모두가 함께 눈물을 흘리곤 했다고 한다. 성 프란체스코가 무엇보다 단호하게 요구했던 청빈과 순종은 이 시대에 오히려 더욱 청정히 빛을 발한다. 우리들은 모두 돈에 옥죄임을 당하고 있고 바야흐로 그것은 우리의 영혼까지 지배할 판이니까.

스승의 발에 입을 맞추는 성 클라라. 삶의 지주이자 안내자를 잃은 이의 슬픔이 이런 것이리라. 조토의 그림이다.

　사람들은 지하 예배당에 있는 성 프란체스코의 관 주위를 조용히 돌고 있다. 나도 그들을 따라 돌았다. 타오르는 촛불 아래, 높은 단 위에 놓인 돌로 된 성인의 관. 죽음은 누구에게나 예정되었던 방문객인 양 찾아오고야 만다. 그렇게 죽음이 찾아왔을 때 그는 신의 부름을 받았던 작은 교회로 데려다달라고 제자들에게 부탁했다. 아시시의 비탈길을 내려갈 즈음 고향 마을을 바라보며 축복을 내렸고 작은 오두막에 누워 마침내 숨을 거두었다. 귀족의 딸로 스승만큼이나 극적으로 자신의 삶을 바꾼 성 클라라가 프란체스코의 시체 앞에서 슬퍼하는 조토의 그림은 너무나 애달프다. 그가 숨을 거둔 오두막엔 새떼들이 내려와 "유별나게 기뻐하며" 빙빙 돌고 지저귀었다고 한다.

　성인의 죽음 이후 많은 것이 바뀌었다. 그의 제자들은 이처럼 크고 호화로운 예배당을 지었다. 스승의 성스러운 가난을 섬기던 이들은 당혹스러웠고 또다른 이들은 성인에 대한 당연한 예의라고 생각했다. 스승의 뜻을 엄격하게 받들어 말할 수 없이 타락한 교회를 날카롭게 비판하던 제자들은 오히려 교회의 박해를 받고 화형에 처해지기까지 했다. 우리는 그를 따를 수 있을까? 그의 제자들조차 이 비범한 인간의 강고한 실천을 따르지 못했다.

오늘날 우리에게 저 누더기 성자는 어떤 의미가 있을까? 누구 말마따나 '사냥꾼과 전사가 되기를 강요하는' 세상에서 평화를 말하고, 근절해야 할 비참한 빈곤이 만연한 세상에서 품위 있는 가난을 설교하고, 오로지 '나'에 몰두해 있는 극단적인 개인주의의 시대에 온갖 피조물의 공존과 성스러운 것에 자신을 바치는 헌신이 어떻게 가능하겠는가? 불가능하다. 이사야의 그 유명한 '고난 받는 종' 이야기는 두렵기만 하다.

기차 시간이 남아 아시시의 들판을 조금 걸으며 멀리 성처럼 우뚝 선 그의 후계자들이 세운 거대한 성당과 거기 누운 가난했던 신의 종을 생각했다. 이토록 많은 관광객, 그들이 흘리는 돈다발, 호화스러운 예배당 안에서 그는 어쩌면 쓸쓸하지 않을까? 가난하고 소박한 성자의 고향을 상상했는데, 소슬한 바람 한 줄기 흘러가는 초라한 예배당을 그렸는데, 움브리아 시골 마을을 울리는 종소리를 상상했는데. 해가 지고 어둠 속에 잠겨 덜컹거리며 질주하는 로마행 기차 안에서 나는 쓸쓸했다.

젊음, 젊다는 것
:: 길 위에서 만난 사람들

  독일 바이마르에서 하루를 보내고 오후 늦게 밤베르크로 가는 기차를 탔을 때의 일이다. 해가 지고 있었다. 거의 밤 열한 시가 다 되어 밤베르크 역에 도착해보니 주위는 허허벌판이었다. 지금껏 보아왔던 역 주변 풍경과는 너무 달랐다. 이렇게 늦은 시간에 호텔이 어디 박혀 있는지도 모르는데. 갑자기 겁이 덜컥 났다. (낮에 보니 역은 도심과 한참 떨어져 있었다.) 하는 수 없이 아들을 마중 나온 듯한 중년 남자에게 "값싼 호텔이 어디 있는지" 물었다. 그 역시 잘 모르는 눈치였다. 그는 지나가는 택시를 붙잡고 호텔이 어디 있느냐고 묻더니 자기 차에 타라는 것이었다. 낡은 푸조에 날 태우고 시내로 들어가 작은 호텔이 늘어선 어느 골목에 차를 세웠다. 그러고는 짐작건대 '멀리서 여행온 가난한 여행자의 처지'를 호텔 주인에게 설명하는 것이었다. 생각보다 방값이 비싸 얼른 방을 잡지 못하고 이 호텔 저 호텔 오가며 주인과 숙박비를 홍정하는 동안 그는 싫은 내색도 않고 밖에서 기다리곤 했다. 마치 손님을 기다리는 택시 기사처럼 말이다. 시간은 얼추 열한시 반을 지나고 있었다. 민망해진 내가 지금부턴 나 혼자 알아볼 테니 그만 가달라고 했건만, 그는 사람 좋은 미소를 지으며 날 안심시킬 뿐이었다. 결국 저렴하고 깨끗한, 어느 가족이 경영하는 호텔에 짐을 풀었다. 그는 악수를 청하고 아무 일도 없었던 듯이 차를 끌고 사라져갔다. 밤 열두시가 다 된 시각에. 놀라웠다. 나는 단 한 번도 그런 친절을 베풀어본 적이 없다.

달라이 라마는 "종교란 무엇입니까?"라는 질문에 이렇게 답했다. "친절한 마음입니다." 얼마나 명쾌한가! 종교에 관해 이보다 더 간결하고 핵심을 찌르는 설명을 들어본 적이 없다. 여행 도중에 나는 이렇게 기대하지도 않았던 친절에 한편으론 기뻤고 또 한편으론 뜨끔 하며 놀라기도 했다. 퐁텐블로 밀레 아틀리에에 들렀을 때였다. 관광객들에게 밀레의 삶과 그림을 설명하고 소박한 기념관을 관리하는 마리 프랑스라는 여성은 비싼 택시비(역까지 몇만 원 한다)를 걱정해주더니 점심시간에 자기 차로 나를 역까지 데려다주었다. "보이가 둘, 걸이 둘" 있다던, 부드러운 연록색 눈에 눈가의 섬세한 잔주름이 인상적인 사람이었다. 아헨에서는 버스에서 내린 내가 기차역 방향이 아닌 엉뚱한 곳으로 걸어가자 버스에 타고 있던 사람들이 약속이나 한 듯이 차창을 두드리며 일제히 기차역 쪽을 손짓하는 것이었다. 그뿐인가, 베를린의 노신사는 가던 길을 멈추고, 로자 룩셈부르크 가에서 헤매던 나와 함께 한참을 헤맨 끝에 유스호스텔을 발견하곤 어린아이처럼 천진난만하게 웃으며 나보다 더 기뻐하는 것이었다. 남북한 통일에 대해서도 커다란 관심을 보이던 그분께 기념으로 드릴 만한 게 아무것도 없어서 안타깝기만 했다. 시장 좌판에서 난생 처음 보는 과일이랑 먹을거리들을 한번 먹어보라고 권하던 이들, 전화가 급한 내게 활짝 웃으며 핸드폰을 빌려주던 사람 등등, 이런 크고 작은 친절에 얼마나 황홀했는지. 정말 나는 단 한 번도 그렇게 곡진한 친절을 베풀어본 적이 없었다. 나는 내심 부끄러웠다. "종교란 무엇입니까?" "네, 친절한 마음입니다." "정말로 그렇습니다."

배낭여행을 하는 이들에게 밤열차는 시간과 돈을 아낄 수 있는 고마운 수단이다. 지도를 보면 유럽은 그리 커 보이지 않지만 맨땅에 발 딛고 걷는 실제 여행이라면 얘기는 달라진다. 국경을 넘어 이 나라에서 저 나라까지 가는 데 열 시간, 열두 시간이 걸린다. 그러니 낮에 다음 여행지로 이동하려면 금쪽 같은 하루를 기차에서 보내게 된다. 그리고 나서 잘 곳도 정해지지 않은 낯선 도시에 해 떨어진 밤에(!) 도착하게 되는 것이다. 밤열차를 타면 다음 도시(다른 나라의)에 대개 새벽에 도착하게 된다. 기차에서 잠을 잘 수도 있고 숙박비가 고스란히 남는 것이다. 나는 여행 내내 이렇게 긴 이동을 해야 할 경우에는 밤열차의 침대칸을 예약했다. 그렇다고 열차에서 편히 잠을 잘 수 있으리라 생각해서는 안 된다. 기차가 심하게 흔들리는 데다 이런저런 소음들 때문에 겨우 가수면을 취할 수 있을 뿐이다. 게다가 언제 도둑놈에게 당할지 모른다는 긴장감 때문에 마음이 편할 수가 없다. 실제로 바르셀로나에서 마드리드로 가던 스페인 가족은 밤사이 지갑을 통째로 털려 기절초풍하기도 했다. 이 열차에서 만난 칠레 사람들은 내가 빅토르 하라Victor Jara를 좋아한다고 하자 일제히 침대에서 몸을 일으키며 눈을 빛냈다. 이 전설적인 혁명가수의 삶을 할리우드에서 영화로 제작한다는 얘기도 그들에게 들었다. 안토니오 반데라스가 주인공이라는 말에 나도 모르게 "웃긴다"는 말이 튀어나왔다. 하지만 반데라스는 자신에게 그 역이 돌아온 것에 대단한 자부심을 갖고 있다고 한다. 그 얘기를 들은 지 꽤 시간이 흘렀지만 빅토르 하라의 전기영화에 대한 얘기는 들리지 않는 걸 보면 아마 영화가 엎어진 모양이다. 하긴 할리우드에서 빅토르 하라 영화라니 말이 되나.

그리스로 건너가려는 여행객들은 대개 로마에서 밤열차를 탄다. 이탈리아 남부 아드리아 해에 면한 항구인 바리로 가려는 것이다. 영화 〈매디슨 카운티의 다리〉의 배경이기도 한 이 도시가 생겨난 이유는, 여기서 바다 건너 그리스로 가는 페리 때문이다. (여행이라는 측면에서만 보면 그렇단 얘기다.) 동행한 이는 대학에서 의상학을 공부하는(지금은 어느 의류회사 디자이너가 되었다) 학생이었다. 그녀가 돈을 아껴야 하는 형편이어서 우리는 함께 일반 좌석표를 샀다. 사실 유레일패스가 있으면 침대칸을 예약하더라도 그리 비싸진 않지만, 운이 좋으면 일반석 티켓을 사서도 그럭저럭 의자에 누워 잠을 잘 수 있다. 우리 옆자리에 앉은 유럽인들은 이 조그맣고 해맑간 동양여자에게 표 나게 호기심을 보인다. 그들이 보건 말건 우리는 비행기에서 들고 나온 얇은 모포를 뒤집어쓰고 잠을 청했다. 잠자리가 낯설거나 불편하거나 시끄러우면 늘 그랬듯, 이번에도 나는 자다깨다를 반복했지만 그녀는 쌔근쌔근 잘도 잔다. 푸르스름하게 새벽이 밝아올 즈음 바리에 도착했다. 비몽사몽간에 짐을 챙겨 자리를 털고 일어나 차에서 내렸다.

역사는 작고 수수했다. 카페테리아에서 빵으로 빈속을 채우고 뜨거운 커피를 목 안으로 흘려넘기니 추위로 굳었던 몸이 풀리고 비로소 조금 살 것 같다. 갑자기 졸음이 몰려왔다. 대합실 의자에 앉아 배 시간과 일정을 확인하고 세면도구를 꺼냈다. "이제 우린 그리스로 가는 거야"라고 중얼거렸는데, 그녀는 말없이 고개를 끄덕이더니 배시시 웃는다. 북적거리지도 않는 작은 역 대합실에 아침 햇살이 비집고 들어오더니 이내 빛으로 가득 채운다. 눈이 부셔 눈꺼풀이 파르르 떨렸다. 절로 이맛살을 찌푸리고 손으로 차양을 만들어 하늘을 쳐다보았다. "먼저 씻고 오세요." 어른스럽게 한마디 던지더니 그녀는 다시 눈을 감는다.

화장실 세면대 거울을 보니 많이 피곤해 뵌다. 언제부턴가 눈가에 생긴 미세한 주름, 거친 피부, 잠이 부족해 생기를 잃은 눈. 그렇지, 난 이제 스무 살이 아니지 하고 생각했다. 비누칠을 하고 찬물을 머리와 얼굴에 퍼붓고 나니 좀 정신이 든다. 얼굴을 씻고 로션을 펴바르니 조금 낫다. 세면도구를 챙기고 문득 뒤를 돌아보았더니, 청소를 하는 할아버지가 나를 물끄러미 보고 있다가 눈이 마주치자 나름대로 열심히 몸을 움직인다. 가만 보니 동양 무술 흉내를 내는 것이었다. 나도 모르게 하하 소리 내어 웃었다.

'스무 살'은 지도를 들여다보고 있었다. 대합실 밀창문에 기대어 서서 가만히 지켜보았다. 놀랍다. 그렇게 긴 여행을 하고 아마도 편히 자지도 못 했을 텐데, 배가 고프고 상태가 좋지 않을 텐데도 저리 멀쩡하다니. 잘 빗어 넘긴 머리칼, 약간 붉은 빛이 도는 말간 피부, 생기 있는 눈, 지친 기색은 조금도 보이지 않는다. 젊구나. 하긴 겨우 스물두 살 아닌가. 젊다는 것은 경험과 연륜이라는 현란한 배경에 비해도 뒤지지 않는 짱짱한 패임이 분명하다. 스무 살엔 무엇이든 빛이 난다. 가난과 고독, 남루함까지도 젊음의 힘을 입어 광채를 띠는 것이다. 스무 살 때는 돈을 아끼려고 하룻밤에 몇천 원 하는 무시무시한 여인숙, 예전 한국 소설책에나 나올 법한 그런 음침한 여인숙에서 자기도 했고, 그땐 주머니가 가볍거나 아예 돈이 없어도 그건 그냥 '사실'일 뿐이었다. 스무 살에 축복 있으라. "젊음밖에는 아무것도 씌어져 있지 않은 텅 빈 공책 같은 얼굴"(버지니아 울프)이라 해도, 일생에 단 한 번뿐인 푸르름, 은밀한 긴장으로 팽팽하게 떨리는 민감함, 깨질 준비가 된 미숙함으로 창창히 빛나는 스무 살. 그 스무 살을, 내 지난 미숙함과 긴장, 좌절의 흔적 같은 것을 찾기라도 하려는 듯, 나는 그녀의 옆자리에 앉아 한참을 물끄러미 들여다보았다.

삶을 사랑하고
죽음을 두려워하지 말라
:: 크레타, 크레타인 니코스 카잔차키스

"그리스는 여행하기 힘든 곳이에요." 이런 말을 들었다. 왜 이런 루머가 도는지 모르겠지만 그것은 말 그대로 루머다. 설사 그렇다 해도, 그리스 여행하기가 라틴아메리카 오지를 여행하는 것만큼이나 힘들다고 해도 나로서는 그리스를 빼놓을 수 없다. 내 스무 살 시절의 스승이 태어나 잠들어 있는 곳이기 때문이다. (나의) 스무 살이 '멋졌다'고 말한다면 거짓말이다. 지루하고 가난하고 뭘 해야 할지도 모르는, 게다가 대한민국 국방부가 내가 태어난 날을 정확히 체크하고 때를 기다리고 있는 스무 살을 돌이켜 생각해보면 당최 유쾌할 '꺼리'가 있을 턱이 없다.

당시 우리 동네에서 가장 유명한 책방은 나라서적이었다. 나라서적에서 한 백 미터쯤 떨어진 곳에 '필하모니'라는 고전음악실이 있었고, 조금 더 고급스러웠던 또다른 음악감상실이 있었다. 나라서적과 필하모니는 오래전에 이미 문을 닫았다. 이 세 곳, 그러니까 몇백 평방미터도 안 되는 동네가 내 행동반경의 전부였다.

어느 초여름 날의 조용한 오후였다. 나는 여느 때처럼 음악감상실에 갔다. 손님은 없었고 아르바이트로 디제이를 하는 여학생이 혼자 앉아 있었다. 좋아하던 세자르 프랑크의 〈생명의 양식〉이 파바로티의 장중한 목소리에 실려 흘러나왔다. "생명의 양식을, 하늘의 음식을 마음이 빈 자들에게 나누어 주시네. 낮고 천한 우리 긍휼히 여기사, 주여 나누어주소서." 성스러운 기도의 노래가 엄숙하게 방 안을 채웠다. 여성 코러스에 이어 2절이 시작되자 듣고 있던 학생은 (내가 있는 줄도 모르고) 노래를 따라 부르기 시작했다. '파니스 안젤리쿠스……' 나도 모르게 (파바로티가 아니라) 그녀의 가녀린 목소리에 귀를 기울였다. 그 노랫소리, 10년도 전에 들은 깨끗하고 가녀린 노래가 지금도 귓가에 아주 선명하게 남아 있다.

기분이 좋아진 나는 집으로 돌아오는 길에 서실에 들렀다. 그날따라 서실에도 사람은 달랑 둘뿐이었다. 먹물이 옷에 떨어지면 절대 지울 수 없으므로 바지를 갈아입고, 법첩과 화선지 따위가 담긴 백을 꺼냈다. 줄 그은 광목을 펴고 벼루에 물 부어 책상다리를 하고 앉아 먹을 갈았다. 화선지에 쓸 수 있을 만큼 번지지 않게, 적당한 농도로 만들려면 족히 두 시간은 먹을 갈아야 한다. 그래서 먹 가는 기계도 나왔지만 먹물이 곱지 않고, 먹 가는 것 자체가 하나의 수련이니만큼 그리 많이 쓰진 않았다. 드물게 찾아오는, 묵상할 때처럼 마음이 절로 맑아지는 날이었다. 그렇게 먹을 갈다가 반대편 벽에서 글씨를 쓰고 있던 이가 옆에 둔 책이 눈에 띄었다. 까만 바탕에 콧수염을 한 사내의 얼굴이 두드러진 책 표지에는 '그리스인 조르바'라고 씌어 있었다.

　그로부터 10년이 지나 나는 『그리스인 조르바』의 도입부, 사납게 몰아때리는 비바람, 미쳐 날뛰는 바다, 동료 뱃사람의 생사를 염려하며 운명에 욕지거리를 퍼붓는 억센 뱃사람들과 그들에 섞여 담배를 피워 문 카잔차키스와 조르바를 머릿속에 그려보며 피레우스 항에 들어섰다. 나(카잔차키스)는 이곳 항구의 허름한 카페에서 벌레 먹은 나무처럼 풍상에 찌든 예순 살가량의 마케도니아인을 만난다. 그가 바로 카잔차키스의 분신이자 스승인 알렉시스 조르바다. 우리가 평생 수없이 많은 말을 지껄이면서도 정작 아무것도 모르는 존재, 인간에 대해서 조르바는 단지 이렇게 말한다. ("인간이라니, 무슨 뜻이지요?") "자유라는 거지!" 인간은 자유다! 나로서는 이 말을 설명할 수 없다. 섣불리 설명하려고도 하지 않겠다.

　이 놀라운 사내는 매일 보던 꽃과 대지, 그리고 바다를 보면서 갓 태어난 신생아마냥 경이로워하며 감격에 겨워 눈물을 흘린다. 그러면서 그 기적과 격정을 견디지 못해 망아지처럼 풀밭을 구르고 춤을 춘다. 석수장이, 광부, 행상, 옹기장이, 게릴라, 산투리(마케도니아의 민속악기)꾼, 호박씨 장수, 대장장이, 밀수꾼이었고, 누구보다 탐욕스럽게 삶을 사랑했던 이 놀라운 초인을 카잔차키스는 서슴없이 자신의 스승이자 삶의 길잡이라 부른다.

　일찍이 그리스를 지배했던 터키의 압제로부터의 해방, 인간 내면의 무

해지는 피레우스 항. 드디어 크레타로 떠난다. 미묘한 흥분이 일었다. 내일 새벽이면 일라클리오에 닿을 것이다. 『그리스인 조르바』를 읽은 지 10년도 훨씬 더 지나서…….

지와 공포로부터의 해방, 그리고 궁극적으로 인간이 떠받드는 모든 우상으로부터의 해방을 추구했던 니코스 카잔차키스는 1942년 『그리스인 조르바』를 발표해 세계적인 명성을 얻었다. 허무와 활력, 탄식과 경탄, 비관과 낙관이 격렬하게 분출하는 그의 작품은 미숙하기 짝이 없던 스무 살의 나를 사로잡았다.

스무 살이라니, 얼마나 어처구니없는 나이인가! 눈은 높은 곳에 두었으되 거기에 미칠 재능을 갖지 못했고, 주위에 도사린 어둠은 강고한데 정신은 연약하기만 했다. 신이 '보기에 좋았던' 태초의 세상과 누추하기 짝이 없는 이 낯선 세상에 맞설 용기도, 넘어설 깨달음도 없이 방황하던 그 시절, 이름조차 낯선 그리스인이 쓴 처절한 정신적 투쟁의 기록인 『영혼의 자서전』과 절대 자유인의 초상 『그리스인 조르바』를 읽었다. 인간 세상의 어둠을 똑바로 바라보는 부릅뜬 눈, 알량한 울타리를 둘러친 소시민적 삶에 대한 경멸, 정신적 육체적 굴레를 깨뜨리려는 용감한 투쟁, 삶에 대한 열렬한 사랑과 인간이 결국 맞닥뜨리고 말 죽음에 대한 견고한 사유는 그 시절 내 어린 뼈를 단단하게 했고 덜 여문 살갗에 선홍색 핏줄이 돌게 했다. 그리고 나는 스무 살 적 스승을 만나기 위해 배에 오르는 중이다. 그가 조르바를 만난 나이였던 서른다섯 살에 말이다.

멀리서 종소리가 들린다. 이곳 크레타에서 태어나 묻힌 '크레타인' 니코스 카잔차키스의 무덤은 멀리 에게 해가 바라다 보이는 곳, 이라클리오 항구 반대편의 높은 언덕에 자리 잡고 있었다. 이 나라를 대표하는 거장의 무덤은 견고하게 돌담을 둘러친 높은 축대 위에 종려나무와 활엽수들로 빙 둘러싸여 있고, 붉은 꽃이 달린 키 작은 관상수들이 호위하듯 단정하게 사각형으로 에워싼 작은 공원에 터 잡고 있었다. 푸른 잔디 위에 쌓은 돌단 위엔 견고한 회청색 묘석이 엄숙하게 놓여 있다. 그리고 한낮의 치열한 열기를 스스로 잠재우고 수평선 아래로 내려앉는 태양을 담담히 바라보듯 하얀 묘비가 서 있다. 묘비 앞면엔 그리스어로 그 유명한 "나는 아무것도 바라지 않는다. 나는 아무것도 두려워하지 않는다. 나는 자유"라는 말이 씌어 있고 뒷면엔 세계 각국의 언어로 '평화'라고 쓴 동판이 박혀 있다.

알려진 대로 그의 묘엔 나무 십자가가 서 있었다. 정교회에서 파문당한 자에게는 나무 십자가만이 허용되기 때문이다. 인간의 이성이 눈뜨기 전인 중세에는 파문보다 더한 형벌은 없었다. 명이 끊어지면 신의 심판을 받아 천국에서 복락을 누리거나 아니면 영원한 불지옥에 떨어진다고 믿었던 시대에, 교회를 통하지 않고는 천국에 갈 수 없다고 믿었던 시대에 파문은 저주였다. 20세기에 파문이라. 파문당한 이의 무덤을 지키고 선 나무 십자가는 역설적이기만 하다. 우리가 이 차안을 건너 도달할 피안은 어떤 세계일까? 카잔차키스는 카론의 강을 건너기 전, 십 년만 시간을 달라고 신께 간구했다. 그는 어린 시절 숙부에게 인간이 도대체 왜 죽어야 하는지 물었다.

숙부는 어깨를 움츠렸다. '너도 나이를 먹으면 왜 죽어야 하는지 이해하게 될 거야.' 나는 영원히 이해하지 못했다. 나는 자랐고, 나이를 먹었고, 끝내 이해하지 못했다. (『영혼의 자서전』)

끝내 인간이 왜 죽어야 하는지 이해하지 못했으며 신에게 10년만 더 시간을 달라고, 10년이면 마음속의 모든 것을 쏟아내고 완전히 텅 비울 수 있을 거라며, 그렇게 자신을 완성할 시간을 애원했던 스승은 멀리 에게 해를 바라보며 누워 있다.

죽음을 슬퍼하지 말자. 영생을 얻기에 때가 너무 늦은 자만이 죽는 것이다. 시간은 모든 것을 일으켜세울 수 있다. 자신에게 주어진 시간 동안 삶을 영적으로 승화시킬 수 있다면 죽음은 결코 두렵지 않으리라. 하느님, 제게 시

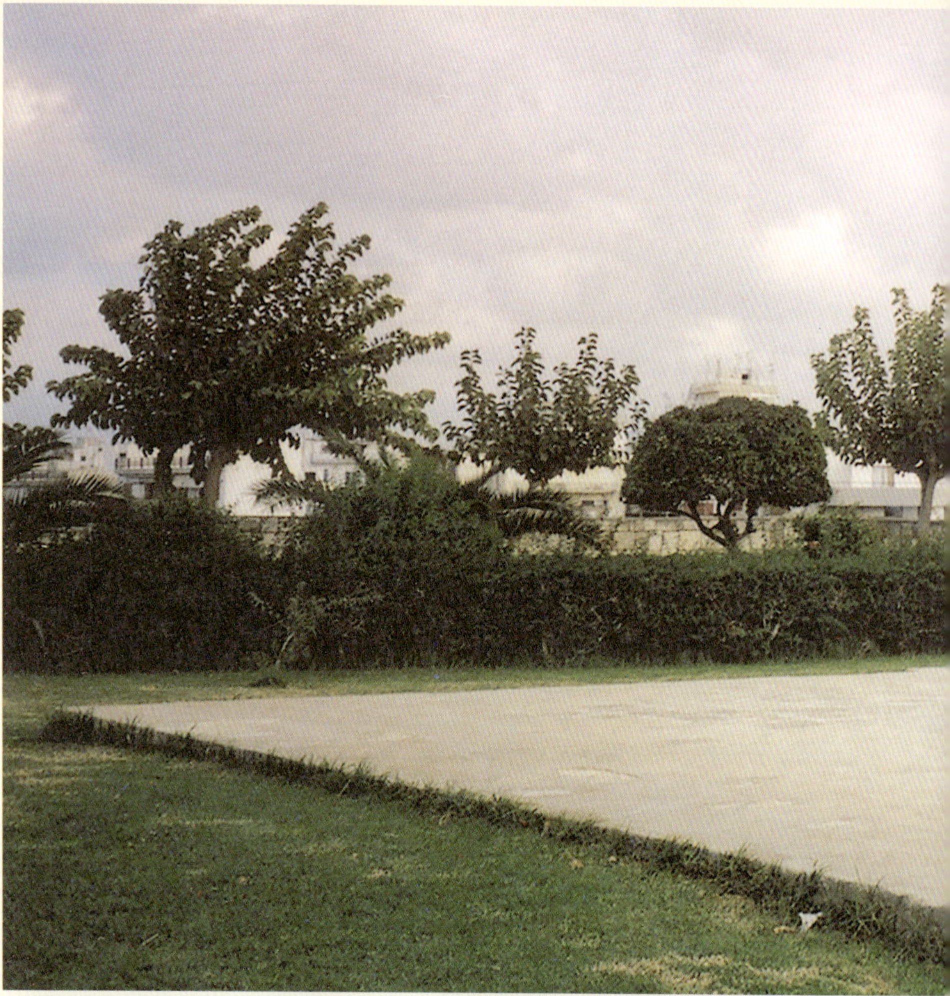

Δεν ελπίζω τίποτα
Δέ φοβούμαι τίποτα
Είμαι λέφτερος

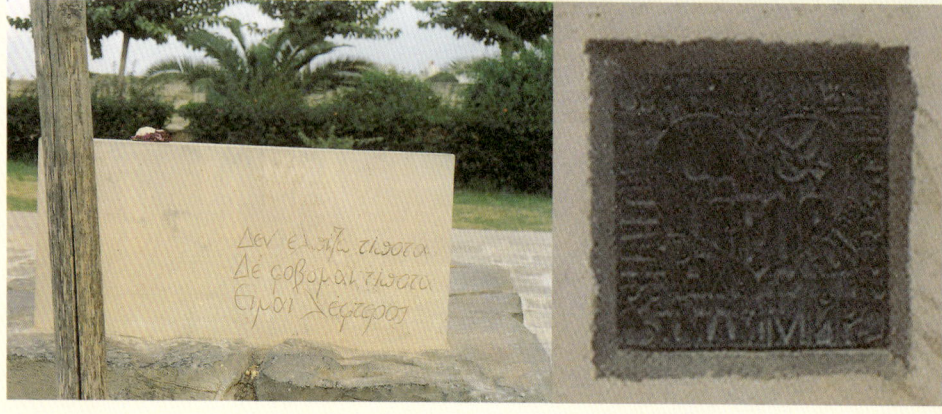

정교회에서 파문당한 니코스 카잔차키스의 묘엔 듣던 대로 나무 십자가가 서 있었다. 묘비 앞면엔 그리스어로 그 유명한 묘비명이 쓰여 있고, 뒷면엔 여러 나라 언어로 평화라는 말이 새겨져 있다.

간을 주십시오. 이것이 제가 당신께 바라는 모든 것입니다. (『그리스도 최후의 유혹』)

파문당한 반항아의 절박한 바람은 받아들여지지 않았다. 아내인 엘레니의 회고록 『인간 카잔차키스』에는 카잔차키스의 마지막을 묘사하고 있다. "향연에 참석하고 나서, 자리에서 일어나 문을 열고, 뒤돌아보지도 않고 문턱을 넘어서는 왕처럼."

그렇게 스승은 죽었다. 이 풍성한 잔칫상을 한껏 즐기고, 시간이 되어 담담히 자리에서 일어나 문을 열고, 예정된 갈 길을 간 것이다. 일찍이 그의 위대성을 알아보았던 알베르트 슈바이처의 전송을 받은 '파문당한 자'의 유해는 아테네에 묻히지 못하고 고향 크레타에 안장되었다. 조르바가 죽은 지 10여 년이 지난 1957년의 일이었다. 그의 말마따나 인간은 아직 중간밖에 못 온 직립원인이지만, 어느 나무로나 십자가를 만들 수 있으니 모든 나뭇조각은 또한 '진짜'이다. 나 역시 '진짜'일 수 있으리라. 나 역시 십자가의 재료가 될 수 있으리라. 나 역시 이 좁다란 한계를 뛰어넘어 너와 우리, 세계로 확장할 수 있으리라. 나 역시…….

카잔차키스가 태어난 일라클리오에서 그의 기념관이 있는 미르티아 마

내가 남긴 편지 한 장. 나는 조금 촌스럽지만 이렇게라도 스무 살 때의 동경과 열망 그리고 이 자리에 선 감격을 표현하고 싶었다.

을까지 버스는 하루에 한 대, 열두시 사십오분에 있다. 한시가 넘어서야 나타난 버스 기사는 미안해하기는커녕 아무런 설명도 없이 뚱한 표정으로 승객들을 태우고 차를 끌고 버스터미널을 빠져나간다.

  일라클리오 시내를 한 바퀴 돌아 섬의 시골로 향하는 버스 창 너머로 키 작은 나무들과 바윗덩어리들이 늘어서 있다. 압바스 키아로스타미의 영화에 나오는 이란의 시골 풍경을 닮은, 황량하고 조금 스산하기까지 한 풍경이었다. 옆에 앉은 할머니에게 지도에 나온 미르티아에 동그라미를 치고 거기에 내릴 거라고 미리 말을 해두었지만 졸다 깨다 하는 내내 내심 불안했다. 내가 불안한 표정으로 눈치를 볼 때마다 할머니께서는 안심하라고 눈짓을 한다. '내가 널 미르티아에 내려주지' 하는 표정으로.

  사람들이 그래도 많이 찾는 모양인지 도로 여기저기, 꺾이는 모퉁이마다 니코스 카잔차키스 뮤지엄의 표지판을 세워놓았다. 어느 마을로 들어서자 할머니가 짧게 '미르티아'라고 알려준다. 나를 그렇게 내려놓고 버스는 미련 없이 제 갈 길을 갔다. 미르티아는 한가롭고 작고 가난하고 조

크레타 섬의 미르티아 마을에 있는 니코스 카잔차키스 기념관. 이 마을은 카잔차키스의 아버지인 미칼레스 대장이 태어난 곳이라고 한다.

용한 마을이었다. 두리번거리다 근처에 보이는 바에 가서 커피 한잔을 주문했다. 지금 기억을 떠올려보니 커피라는 말을 못 알아들었던 것 같다. 카페라고 했나? 아무튼 커피 한잔 마시고 싶다는 데 의사소통이 그리 쉽지 않았다. 스테인리스 컵에 시커먼 에스프레소를 담아 들고 나오는데 동네 청년들이 신기한 표정으로 쳐다본다. 신기할 것이다. 그 시골구석에 찾아온 낯선 동양인이니.

바람이 골목을 헤매고 나뭇잎들은 하릴없이 나뒹구는 오후, 문득 참 멀리도 왔구나 싶었다. 니코스 카잔차키스를 만나기 위해 참 멀리도 왔구나. 먼 시공간을 가로질러 여기까지 왔는데 기념관은 문을 닫았다. 오늘은 오후에 문을 열지 않는 날이었다. 카잔차키스가 태어난 곳도 아닌데,

왜 하필 찾아가기도 힘든 이런 오지에 기념관을 만들었을까? 이곳은 그의 아버지인 미칼레스 대장이 태어난 곳이라고 하는데 차라리 그의 생가를 사들여 기념관으로 개조했으면 더 좋았을 것이다.

교통편도 모르고 무작정 찾은 크레타의 시골 마을엔 일라클리오로 돌아갈 버스도, 묵을 호텔도 없었다. 내가 할 수 있는 일은 비싼 택시를 부르거나 아니면 버스가 지나가는 마을까지 아주 먼 거리를 걸어야 한다. 걷는 것은 두렵지 않았지만, 두 시간도 세 시간도 걸을 수 있지만 길을 모른다. 그리스의 시골 어딘가에서 헤매다 밤이라도 내리면 어쩔 것인가? 망설이고 있는데 일라클리오로 돌아가는 버스는 이 마을을 지나가지 않는다고 내게 일러준 청년이 다가와 자기 차에 타라고 하는 것이었다. 그는 놀랍게도 군데군데 올리브나무가 군락을 이룬 구불구불한 시골길을 지나 이웃마을까지 날 태워다주었다. 나는 이렇게 여행하는 내내 다른 사람의 전혀 기대하지도 않았던 친절을 만났다. 사람으로 인해 불쾌했던 기억은 전혀 없었다. 고마운 일이다. 청년은 덤덤한 표정으로 손을 흔들고 떠나고, 나는 버스정류장에 우두커니 서서 일라클리오행 차를 기다렸다.

다시 태어나 처음부터 새로이 시작할 수 있다면 나는 무엇을 어떻게 할까? 질그릇으로 만든 이 보잘것없는 육신이 한없이 가볍게 느껴질 때, 정신이 이 무자비한 중력의 자기장을 벗어나 힘차게 날아오르게 하는 것은 (시몬 베유에 따르면) 오직 은총뿐이다. 겨드랑이에 날개가 돋길 원하고 구만리장천의 대붕 같은 광활한 자유를 꿈꾸었지만 나는 조르바가 될 수 없으니 그저 겸손하게 온힘을 다해 내 길을 갈 수 있기를 바랄 뿐이다. 우리는 모두 합당한 만큼의 십자가를 지는 것이고 그만큼의 영광을 함께하는 것이겠지.

반 고흐는 그리스도의 얼굴을 그리려 했지만 가슴이 격동하여 도저히 그릴 수 없었다. 그래서 일단 그림을 중단했지만 결국은 그리스도 대신 미루나무 한 그루를 그려 넣었다. 말할 수 없는 것은 차라리 가슴에 안고 그냥 가는 편이 나은 법이다. 크레타, 그리고 미르티아까지 왔으니 이제 더 거창하게 바랄 것은 없다. 애초의 여행은 이것을 위한 것이었으니까……. 바람이 머리카락을 헤집고 골목 사이로 흩어지고 기력을 잃은 저녁나절의 햇살은 파리한데 동네 아이들은 망아지처럼 잘도 뛰어다닌다. 나도 저애들하고 같이 바람 빠진 축구공을 차며 어울려 뒹굴며 놀 수 있었으면!

미궁은 어디에 있는가?
:: 크노소스의 폐허와 미노타우로스의 슬픔

　　크노소스 궁전은 일라클리오 시내에서 채 한 시간도 걸리지 않는 곳에 있다. 신화에 따르면 크레타 왕 미노스의 아내 파시파에는 바다의 신 포세이돈이 남편 미노스에게 선물한, 너무도 아름다운 황소에게 욕정을 품게 된다. 어처구니없게도 황소와 정을 통한 파시파에가 낳은 것은 황소 머리에 사람 몸을 한 괴물 미노타우로스. 화가 난 미노스 왕은 팔자에 없던 의붓자식을 다이달로스가 만든 교묘한 미궁에 가둬놓고는 적국 아테네의 선남선녀들을 먹잇감으로 내준다. 그 다음 얘기는 모두가 아는 터이다. 미노타우로스는 테세우스에게 죽임을 당했고 미궁의 설계자 다이달로스는 미노스 왕의 괘씸죄에 걸려 미궁에 갇혔지만 인공 날개를 만들어 아들 이카루스와 함께 탈출한다. 머리가 여물기에 아직 일렀던 이카루스는 밀랍으로 된 날개를 달고 태양을 향해 날아오르다가 날개가 녹아내려 추락해버린다. 호동왕자에게 마음을 앗겨 자명고를 찢어버

페테르 브뢰헬, 「이카루스의 추락」, 캔버스에 유채, 73.5×112cm, 1555년, 브뤼셀 왕립 미술관

농부는 밭을 갈고 양치기는 양을 치고 낚시꾼은 고기를 낚는 한가로운 순간, 이카루스는 나락에 떨어진다.

린 낙랑공주처럼 적국의 왕자를 사랑해 실타래를 건네주었던 아리아드네는 어찌 되었을까? 아리아드네가 건네준 실타래를 꼭 쥐고 미궁에 들어가 괴물을 처치한 후 왔던 길을 되짚어 무사히 빠져나와 목숨을 건졌고 신화 속의 영웅으로 남은 테세우스는 로도스 섬에서 그녀를 버린다. 나쁜놈 같으니…… 중얼거리고 주위를 둘러보노라니 가을날의 서늘한 바람만이 먼지를 쓸어가는 폐허엔 관광객도 많지 않았다.

미노스의 궁엔 소나무가 많았다. 키가 작고 수없이 뒤틀려 굵은 매듭이 진 한국 소나무가 아니라 키가 크고 가지는 멋없이 밋밋한, 그리고 솔잎은 길게 삐죽해서 이곳 사람들의 사지육신을 닮은 소나무다. 하지만 소나무는 내가 떠나온 땅과 사람들을 생각하게 하고 왠지 정겹다. 나는 새삼스레 우둘투둘한 소나무 껍질을 어루만지며 그 위에 푸르게 열린 하늘을 본다. 소나무에 등 기대고 돌투성이 땅에 앉아 있으면, 이곳이 내 고향에서 수만 킬로미터 떨어진 먼 땅이라는 생각이 들지 않는다.

가엾은 미노타우로스. 깊고 깊은 미궁 어디에선가 미노타우로스는 울부짖고 비명을 질러댔겠지. 테세우스의 예리한 검에 주살된 괴물의 운명은 비참한 것이었다. 그는 죽어야 할 운명이었다. 부정하게 태어난 자식이었고 끔찍한 몰골을 한 괴물이었으며 잔혹한 성질을 타고난 사탄이었으니까. 슬픈 운명이다. 그가 원해서 그렇게 태어나지는 않았을 텐데. 어떤 생명체든 탄생에 관한 한 아무런 자결권도 누리지 못한다. 참 어처구니없는 일이다.

피카소는 말년에 미노타우로스를 자주 그렸다. 그 드로잉엔 야릇한 욕정과 미묘한 슬픔이 묻어 나온다. 황소의 머리와 인간의 육신을 한 괴물은 벌거벗은 여자를 품고 있다. 피카소는 욕망은 무성하되 아이(예술적 창조

미노타우로스를 죽이는 테세우스. 미노타우로스가 가엾게 느껴지는 건 그가 '죽어야 할' 운명이기 때문일까?

물)는 낳지 못하는 예술가의 고뇌를 투사한 것일까? 미궁에 잠입하는 테세우스에게 첫눈에 반해 실타래를 넘겨줘버린 아리아드네의 운명 역시 예정되어 있었다. 실타래는 사람과 사람을 이어주는 긴 끈, 즉 결혼의 상징이었다. 그렇게 긴 끈처럼 오래오래 잘 살라는 뜻이 거기에 담겨 있다. 이 운명의 실타래를 끝까지 자신이 간직하지 않고 테세우스에게 주어버렸으니 안타까운 일이다. 열정이 과하면 심안이 흐려지는 법이고 그 순간 비극이 싹튼다.

언뜻 보아 이렇게 평범한 궁전에서 왜 미궁의 전설이 나왔을까? 대체 미궁의 정체는 무엇이고 미노스와 파시파에, 미노타우로스, 다이달로스와 이카로스, 아리아드네와 테세우스의 전설이 서린 미궁은 대체 어디에 있었을까? 이런 궁금증을 품은 사람은 전부터 많았다.

1900년 3월 23일, 일라클리오에서 남쪽으로 5킬로미터 정도 떨어진 언덕에 쉰 안팎의 키가 작은 남자가 서 있었다. 그의 이름은 아서 에번스. 발

크노소스에서의 아서 에번스. 애초에 미노스의 궁에 관심을 갖고 있던 사람은 트로이를 발굴한 슐리만이었다. 하지만 그가 갑작스럽게 죽는 바람에 크노소스 발굴의 영광은 아서 에번스에게 돌아간다.

굴을 시작한 지 일주일 만에 그는 고대 크레타 상형문자로 쓰인 점토판 한 장을 찾아냈고, 그로부터 약 1년 뒤 자신이 수천 년간 사람들이 찾아 헤멘 미노스의 미궁을 찾아냈노라고 선언했다. 아서 에번스가 영광을 독차지하긴 했지만 트로이의 발견자 하인리히 슐리만 역시 크노소스 유적에 관심을 갖고 있었다. 그가 크노소스를 방문한 지 2년도 지나지 않아 객사하지 않았다면 트로이에 이어 또 하나의 개가를 올렸을 것임이 틀림없다. 하지만 크노소스의 궁을 샅샅이 뒤졌지만 신화 속의 미궁이라고 할 만한 것은 아직 발견되지 않았고 미궁의 위치와 그 실체에 대해서도 논란이 분분하다. 아직까지는 미노스의 미궁이란 그리스 신화에만 존재하는 셈이다.

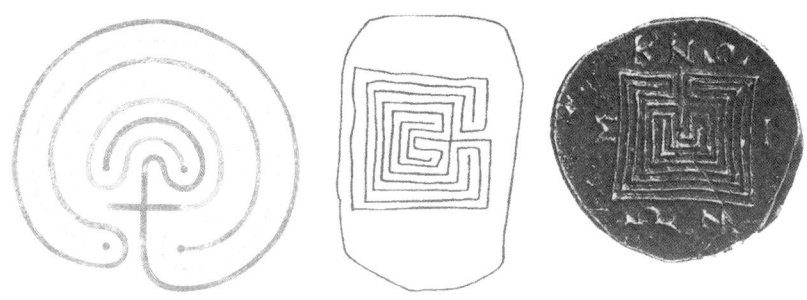

다양한 형태의 미궁도. 미궁에 관한 이야기와 도상은 크노소스에만 있는 것은 아니다. 가운데 미궁도는 역사상 가장 오래된 것이고 맨 오른쪽 것은 크노소스에서 발견된 것이다.

 가방에서 미리 준비해온 샌드위치와 물, 오렌지를 꺼냈다. 기분 좋게 머리칼을 간질이는 바람은 연인의 손길만큼이나 살갑다. 며칠 전 지중해를 건너오기 전에 보았던 로마의 거대한 기둥들과 장엄한 폐허가 미노스의 궁에 오버랩된다. 로마인들은 철저히 실용적인 인간들이었고 잔인한 대중오락을 발명해낸 이들이었다. 그리스의 양식과 로마의 건축술이 조화를 이룬 콜로세움이 황제의 궁을 허물어내고 만든 시민들의 휴식처였다니 아이러니하기만 하다. 그 시대에도 이미 지배자들은 대중의 정신을 지배하고 조종할 테크닉 정도는 간단히 터득하고 있었던 것이다.

 콜로세움은 유대인 포로들의 피땀으로 만들어진 것이고, 백 일간 치러진 개관기념 축하행사에 900마리의 동물과 2000여 명의 검투사가 희생되었음을 생각하면, 건물의 건축학적 견고함과 한꺼번에 수만 명의 출입이 가능했다는 기술적 정묘함은 터무니없이 들린다. 죄 없는 자의 피로 칠한 그 돌덩이들을 무어라 불러야 할까. 문화유산이라고? 콜로세움 돌계단에 앉아 있으려니 피에 굶주린 로마인들의 함성, 맹수와 검투사의 낭자한 피, 거기에 가득했을 광기가 연상되어 끔찍했었다. 그러한 쾌락의 끝은 정신의 황폐함과 필멸할 운명을 지닌 육체의 소진 그리고 거대한 제국의 파멸이었다.

나는 가끔 그 잔인한 축제를 즐기는 광란에 빠진 로마인들 앞에 나아가 "이 잔인한 자들아! 당장 이 야만적인 짓거리를 그만두라"고 외쳤다는, 이름없는 수도사의 분노에 찬 목소리를 떠올린다. 로마인들, 이 야만인들은 무명의 용감한 수도사를 살해해버렸지만 결국 이 미친 짓을 그만두었다. 광란의 살생극을 마치고 단지 제정신으로 돌아오는 데에도 한 사람의 핏값이 필요했던 것이다.

미술책과 박물관에서 볼 수 있는 그리스 시대의 우아하고 완벽한 육체를 저기 저 그리스인들에게서도 볼 수 있을까? 물론 어림없는 일이다. 저들의 조상들은 실제 살아 있는 인간을 묘사하지 않았으니 말이다. 하지만 로마인들은 눈에 보이는 현실을 있는 그대로 묘사했다. 황제의 조상까지도 신적인 장엄함과 아름다움을 부여해 그럴싸하게 치장하지 않고 사실적으로 빚었다. 그래서 어떤 황제상은 황제가 아니라 장사치 혹은 험상궂은 싸움꾼처럼 보일 정도다. 로마인들은 목욕탕과 공회당, 그리고 지금까지도 사용되고 있는 경탄할 만한 도로와 수로를 만들었으며 (신이 아닌) 관리를 묘사하고 군사적 영광을 찬미했다.

반면 그리스인들은 신전을 지었고 자신들이 터득한 예술적 기예로 실제 인간이 아니라 이상화된 육체를 완벽하게 창조해냈을 뿐, 진토에서 나뒹구는 현실의 인간을 묘사한 것은 아니었다. 한마디로 로마인들은 있는 그대로의 현실을 인정하고 받아들였지만, 그리스인들은 이상적인 아름다움을 꿈꾸고 그것을 갈망했다. 현실을 객관적으로 파악하고 불완전함을 지양하기 위해서는 로마인들의 눈이 필요하다. 그러나 그것을 발판으로 하여 부단히 완전함을 추구하고 이상적인 모델을 구축하기 위해서는 그리스인들의 정신이 필요하다. 그 둘은 이 불완전한 현실에 대한 나름의 해석과 답을 보여준다. 우리 현실은 애초에 이렇게 다면적인 것이고 단 하나의 해답이 주어질 수 없는 입체적인 구조물인 것이다.

크노소스의 궁에서 다시 일라클리오로 돌아와 카페에서 차 한잔을 마셨다. 그리스의 하늘은 어디든 푸르다. 우리나라의 가을 하늘이 '맑아서' 아득하다면 이곳 하늘은 푸르러서, 에게 해처럼 너무나 푸르러서 아득하기만 하다. 아침에 눈을 비비고 일어나 바라본 유스호스텔 정원의 꽃나무 사이로 열린 하늘도, 벤치에 누워 한잠 자고 일어나 문득 바라본 하늘도 파랗고 또 파랗다. 파르테논의 흰 대리석의 배경도 구름 한 점 없는 파란빛이어서 아예 공간감이 느껴지지 않을 정도였다. 그렇게 명상적이고 청순하며 내면으로 움츠러드는 파란빛을 배경으로 한 하얀 신전은 커 보이지 않았다. 해가 기울어 그늘이 지고 다시 바닷바람이 불어오니 은근히 춥다. 엽서 한 장을 쓰고 있는데 주인 여자는 카페 문을 닫고 있다. 이 잔들은 어떻게 해야 하느냐고 묻자 "괜찮다, 아무데나 두고 가면 된다"고 한다. 그녀는 작별인사까지 빠뜨리지 않았다. 아아, 친절한 얼굴로 활짝 웃는 사람의 얼굴은 꽃보다 별보다 그 무엇보다 아름답다.

존재의 비밀
:: 전설의 바다 에게 해와 포세이돈 신전

크레타에서 다시 그리스 본토로 돌아왔다. 새벽 피레우스는 적막했다. 지하철 첫차를 타고 아테네 옴모니아 광장에 내려 크레타로 떠나기 전에 묵었던 유스호스텔 아나벨을 찾았다. 새벽이지만 다행히 문을 열어준다. 나는 주인 아저씨가 일어날 때까지 바에 앉아 대충 눈을 붙였다. 피곤했지만 정신은 말짱. 돌아갈 날이 점점 다가온다. 돌아간다……. 니코스 카잔차키스, 안토니오 그람시, 빈센트 반 고흐, 카를 마르크스, 코뮌의 전사들, 케테 콜비츠…… 이 사람들을 만났으니 목숨 걸고 바랄 건 또 없다. 이젠 더 천천히 걷고, 욕심 내지도 말고, 차 한 잔에 인색해하지 말아야지 생각하다 깜빡 잠이 들었다.

다시 한번 아크로폴리스 언덕 위의 파르테논 신전과 언덕 아래의 고대 극장에 가보고 싶었다. 이제 돌아가면 아마도 여길 다시 오진 못하리라는 생각이 들었기 때문이다. 운 좋게도 오늘은 일요일이라 "노 티켓, 프리 브로슈어"란다. 멋진 날, 베이지색 대리석 기둥 사이의 하늘은 더더욱 짙푸르다. 힘차고 강건한 파르테논, 우아하고 늘씬한 여성미를 과시하는 니케 신전을 물끄러미 바라보았다. 아테네 시내 어디에서도 바라 보이는 아크로폴리스 언덕 위의 파르테논 신전에서 우리가 당시의 무언가를 느낀다는 것은 불가능한 일이 아닐까? 예수가 탄생하기 500년 전의 건축물은, 역사적 맥락, 삶의 맥락에서 오늘날의 우리와 완전히 격리되어 있다. 게다가 파르테논은 온전한 몸뚱이도 아니다. 베네치아인들은 여기에 포를 쏘아댔고 터키인들은 이 신전을 탄약고로 사용하기까지 했다. 게다가 아테네 민주주의의 황금기인 페리클레스 시대에, 당대 최고의 장인이었던 페이디아스가 신전의 프리즈와 박공에 새긴 그리스 신화의 걸작들은 그리스가 아닌 바다 건너 영국의 대영박물관에나 가야 볼 수 있다. 1810년 당시 터키 주재 영국 대사였던 엘긴이 자신의 신분과 뇌물을 동원해 10년간 무려 253점을 영국으로 가져간 것이다. 약탈당한 문화재를 되찾기 위한 그리스인들과 이를 돌려주지 않으려는 영국 정부의 공방은 결론이 나지 않고 있다. 토니 블레어 역시 '훔쳐온' 엘긴 마블스를 돌려줄 수 없다고 선언해버렸다.

그리스 군부독재에 항거한 정치인으로, 세계적으로 유명한 배우로 명성을 떨친 멜리나 메르쿠리는 그리스 문화재를 돌려받기 위해 온 힘을 기울였다. 그녀가 엘긴 마블스에 관심을 갖게 된 것은 우연이었다. 줄스 닷신의 걸작〈페드라〉를 대영박물관에서 촬영하던 중(영화에서 페드라〔멜리나 메르쿠리〕는 박물관에서 이복아들인 알렉시스〔앤서니 퍼킨스〕를 만나 첫눈에 사랑에 빠진다) 엘긴 마블스를 발견한 것이다. 한눈에 조각품을 알아본 그녀

그리스의 영광과 오욕을 모두 겪은 파르테논 신전. 철골 구조물로 뒤덮여 복원이 진행중인 신전을 바라보면 그 옛날의 영화를 누렸던 본래의 모습이 사무치게 그리워진다.

는 "이것은 그리스의 재산이다. 그리스인들은 누구나 내 나라에서 이걸 볼 수 있어야 한다"고 말하며 눈물을 흘렸다. 그녀는 또한 근대 올림픽 100주년 대회를 아테네에 유치하기 위해 발벗고 나섰지만 아이러니하게도 인종차별로 악명 높은 애틀랜타 시에 그 영광을 빼앗겼다. 새로 건립한 아름다운 스타디움을 바라보는 길목엔 멜리나 메르쿠리의 작은 흉상이 서 있다. 그러고 보면 런던, 베를린, 파리 할 것 없이 그들이 자랑하는 미술관 박물관엔 훔치거나 빼앗아온 제3세계의 문화재로 가득하다. 미술관=약

파르테논 신전 오른쪽 사면의 디오니소스 극장. 그 옛날, 여기에 앉아 열광하고 슬퍼하며 생각에 잠겼을 사람들은 누구였을까?

영화 〈페드라〉의 한 장면. 멜리나 메르쿠리가 엘긴 마블스를 발견하게 되는 귀중한 순간이다.

탈의 전시장인 셈이다. 베를린의 페르가몬 미술관에서는 정말 놀라지 않을 수 없었다. 독일인들은 터키 북부 베르가마에서 신전을 통째로! 뜯어 온 것이다. 기가 찼다. 그런 유물의 반환을 둘러싸고 논란이 분분하지만 핵심은 간단하다. 영국인들은 만약 파르테논에서 그걸 뜯어오지 않았다면 더 심하게 망가지거나 아예 망실되었을지도 모른다고 주장하지만 그 유물로 인해 자신들이 얻는 엄청난 관광수입에 대해서는 입을 다문다. 수니온 곶으로 떠나는 버스는 아테네 국립고고학박물관 근처의 노상에서 출발한다. 한낮이 되니 날씨가 본색을 드러냈다. 그리스 역시 스페인이나 이탈리아만큼이나 더웠다. 시월이었는데도 말이다. 깜박 잊고 지도를 놓고 온 나는 수니온으로 출발하는 버스를 찾아 이 골목 저 골목을 헤맸다. 아 빌어먹을. 다들 가리키는 방향이 다르면 어쩌란 말이냐. 좀 먼 곳에 있으면 차라리 택시를 탈 텐데, 지척에 두고 뱅뱅 돌자니 속이 탔다. 마침 제복을 입은 경찰관이 보였다. 경찰이 그리 반가워본 적은 처음이었다. 덕분에 겨우 정류장을 찾아 막 출발하려는 차에 올라탔다.

세계적인 배우이자 그리스 문화부 장관을 지낸 정치가였던 멜리나 메르쿠리. 새로 지은 올림픽 스타디움을 바라보고 있다.

덥고 목이 말랐다. 아테네 시내를 빠져나온 차는 한참을 달렸다. 한 번씩 턴을 할 때마다 짙푸른 바다와 하얀 해변을 끼고 크고작은 요트들을 품에 안은 마을들이 나타났다 사라졌다. 이 도로 위에서 그 유명한 〈페드라〉를 찍었다지. 페드라는 (그리스 신화에서) 크레타 왕 미노스의 딸이다. 그러고 보면 미노스 가의 운명도 어지간히 처절하다. 미노스의 아내는 황소와 바람을 피워 괴물 미노타우로스를 낳았고, 처녀를 잡아먹어야 직성이 풀리는 그 괴물을 처치한 용사는 크레타의 적국인 아테네의 왕자 테세우스였다. 테세우스에 반해 미궁을 출입하는 비결을 일러준 여자는 미노스의 딸인 아리아드네이고, 페드라는 이 테세우스의 후처다. 페드라와 함께 비극의 한 축을 이루는 상대 히폴리투스는 테세우스의 아들이니 페드라와는 배다른 모자간이다. 페드라는 히폴리투스에게 욕정을 품지만 히폴리투스는 그런 페드라가 역겹다. 모욕당한 페드라는 자결하고 유서에 히폴리투스가 자신을 범했다고 고발한다. 어떤 일이 있었는지 모든 것을 비밀에 붙이기로 약속한 히폴리투스는 모든 의혹과 비난을 짊어지고 추방당한다. 여신 아테나의 저주는 이 정도로 끝나지 않았다. 히폴리투스는 사납게 미쳐 날뛰는 자신의 말에 온몸이 갈기갈기 찢겨 죽음을 맞는다.

영화 〈페드라〉에서 마치 히폴리투스처럼 알렉시스(앤터니 퍼킨스)는 미친 듯이 차를 몰아댄다. 우리들의 인생만큼이나 구불구불한 해안도로를, 그리스의 청청하기 그지없는 바다를 옆에 끼고 정신없이 달린다. 알렉시스의 독백과 함께 바흐의 토카타와 푸가 F장조가 불길하게 부서져내린다. 심장의 박동처럼 바흐의 선율은 가쁘게 고동쳐 흐른다. 다시 알렉시스가 울부짖는다. "오 태양이여, 요한 세바스찬 바흐여, 페드라!!" 지금 내가 달리는 해안도로 어디메 절벽 아래로 굴러떨어지는 스포츠카……. 1996년쯤 종로에서 본 이 영화의 장면장면은 여전히 너무나 생생하다. 얼추 세 시간 가까이 이리 구불 저리 구불, 집들 사이를 지나 들판을 가로지르고 새파란 바다를 끼고 열심히 달린 것 같다. 엉덩이가 욱씬거리고 지쳐서 몸이 늘어질 때쯤 누군가 짧은 탄성을 지르며 오른쪽 창 너머를 손짓했다. 멀리 언덕 위에 언뜻 가냘퍼 보이기도 하고, 강건하게 버티고 선 듯도 한 하얀 신전이 보였다.

건축작품은 바위 지반 위에 서 있다. 건축작품은 휘몰아치는 폭풍을 견디며 서 있고 그렇게 폭풍 자체의 위력을 드러나게 한다. 석조의 광채와 빛남은 비록 태양의 은총이긴 하나 그것은 대낮의 빛과 하늘의 아득함, 밤의 캄캄함을 비로소 나타나게 한다. 건축작품이 솟아오름으로써 허공의 보이지 않는 공간이 나타나게 되었다. 그 작품의 확고부동함은 밀어닥치는 바다의 파도를 막고 서서 자기의 고요함으로 파도의 광란을 드러낸다.

─마르틴 하이데거, 『예술작품의 근원』

이 신전은 그저 아무것도 아니었을 평범한 언덕을 성스러운 공간으로 격상시켰고, 작열하는 태양, 휘몰아치는 태풍, 광란하는 파도, 캄캄한 어둠을 '비로소' 존재케 한다. 홀로 존재함 그 자체가 다른 것들을 깨어나게 하고, 견고한 고요함으로 삼라만상의 격동을 불러일으킨다. 나는 여기서 존재와 비존재, 고요함과 격렬함에 관한 무슨 비의 같은 것을 알 것도 같았다.

신전은 수천 년 '역사'에 시달린 나머지 형해만 남아 있다. 하지만 왜일까? 조금도 초라하거나 허약해 보이지 않는다. 신전 주위 바위 틈새엔 다프니 수도원 뒷산에서 보았던 노란꽃들이 피어 있었다. 놀랍기도 해라. 바위 틈새, 겨우 흙 부스러기 조금 고인 그런 곳에서 또 꽃을 피우다니. 생명력, 그러니까 목숨을 이어가는 필사적인 힘이란 불가사의하기만 하다.

에게 해 전역이 한눈에 내려다보이는 이곳은 귀중한 전략 요충지였고 애틋한 부성애가 신화로 남은 곳이다. 앞서 얘기한 테세우스는 미노타우로스를 처치하는 데 성공하면 흰 깃발을, 실패하면 검은 깃발을 달고 오기로 아버지 아이게우스와 약속했다. 하지만 검은 깃발을 흰 깃발로 바꾸어 다는 것을 깜박 잊어버렸다. 절망한 늙은 아이게우스는 그만 절벽 아래 바다로 몸을 던졌고 사람들은 이 바다를 아이게우스의 바다(에게 해)라고 이름 붙였다.

이 외딴 수니온을 찾는 사람들은 물론 포세이돈 신전을 찾기도 하겠지만 그 유명한 수니온의 노을을 보러온 사람들이다. 유럽 어디나 그렇듯이

일본 사람들(단체 관광객)이 많았다. 해가 지려면 아직 시간이 많이 남아 해안 마을로 내려갔다. 시월인데 멱을 감는 사람들이 있었다. 영어를 쓰는 걸 보니 미국인들일까? 그래도 수영을 하기엔 추운 날인데 과감히 비키니를 입고 헤엄을 치고 있었다. 그림같이 아름다운 어촌 마을이었다. 배를 대는 콘크리트 구조물에 앉아 양말을 벗고 에게 해에 발을 담가보았다. 한가로운 오후, 딱히 할 일도 없이 먼 나라 바닷가에서 파도와 바람을 희롱하며 수천 년 신화가 깃든 신전을 망연히 바라보노라니 그냥 마음이 텅 비는 것 같다. 좋은 것도, 나쁜 것도, 아무것도 없이 텅 빈 것 같은 기분. 아

한참을 차에 시달린 끝에 만나는 포세이돈은 감격스럽다. 저 평범해 보이는 언덕은 신전이 들어섬으로써 신화와 역사의 보금자리가 되었다.

무리 애를 써도 그런 마음을 설명할 수 없다. 나는 바에 들러 테이크 아웃 커피를 한 잔 청해 들고 나와 언덕 위에 강건하게 서 있는 수니온을 눈으로 쓰다듬듯 바라보았다. 문득 건축이란 'a place'를 'the place'로 만드는 것이라는 어느 건축가의 말이 떠올랐다. 여기에 서서 신전을 바라보니 그 말을 비로소 이해할 것 같다. 저 언덕 위에 아무것도 없다고 생각해보라. 그저 지중해에 면한 평범한 언덕에 지나지 않을 것이다. 신전이 들어섬으로써 야생의 공간은 특별한 아우라를 획득하게 되었고 인간의 삶 속에 들어오게 되었다.

들던 대로 수니온의 노을은 장려했다. 어찌 그런 것을 어설프게 묘사할 수 있으랴. 단지 그 자리를 떠날 수 없었다고만 말할 수 있을 것 같다. 사람들은 이미 몰려 내려가 차를 타고 있다. 뒤를 돌아보았다. 이젠 어둠과 소리와 바람이 깨어날 차례다. 해와 밝음이 떠난 자리에 그것들이 찾아와 신전을 껴안고 드라마를 상연할 차례다. 여기에 인간의 자리는 없다.

해가 에게 해의 품에 완전히 안기자 기다렸다는 듯이 득달같이 어둠이 달려들었고, 차가운 밤공기가 옷 속으로 파고들었다. 타고 왔던 버스가 다시 오려면 한 시간을 기다려야 한다. 일본인들은 전세 버스를 타고 가버렸다. 혼자 남아 떨고 있으니 오만 생각이 다 난다. 어느새 "단풍잎 같은 창을 단" 버스가 멀리서 꿈틀거리며 다가왔고 나는 배낭을 집어들었다.

수니온에서 다시 아테네로 돌아오니 열시가 넘었다. 아테네 중심가엔 광장이 둘 있다. 옴모니아 광장과 신타그마 광장인데 내 숙소는 옴모니아 광장 가까운 곳에 있었다. 밤엔 늘 그랬듯이 이번에도 숙소를 찾지 못하고 헤메고 있었다. 그런 나를 지켜보고 있었던지 양복을 입은 그리스인이 다가와 어디서 왔느냐고 물었다. 한국에서 왔다고 말하자 반가운 척을 하며 88올림픽과 2002년 월드컵을 주워삼키며 어깨를 두드려댔다. 만리타향에서 별 볼일 없는 내 조국을 알아주는 그리스인이라. 절로 긴장이 풀렸나보다. 몇 마디 농담을 건네더니 그는 은밀하게 "투나잇, 베리 뷰티풀 그리스 걸" 어쩌고 하는 게 아닌가! 아참, 여기도 이런 게 있구나 싶어 한심하기도 하고 웃음이 나왔다. 『론리 플래닛』엔 이럴 때를 대비해 친절한 충고가 실려 있다. "절대로 여자를 따라 술집에 가지 마라. 그 여자의 오빠라는 건장한 사내가 합석을 할 테고 당신은 바가지를 쓸 것이다." 그 충고를 떠올리며 답해주었다. "나는 '투나잇' 기분이 매우 좋고 '뷰티풀'과 '그리스'와 '걸'을 물론 매우 좋아하지만 당신의 '투나잇, 베리 뷰티풀 그리스 걸'은 싫다"고. 그는 내 어깨를 껴안듯 하더니 한참을 낄낄댔다. 조르바류의 한량인 그는 악수를 청하더니 유감이라고 또다시 웃음을 터뜨리면서 사라져갔다.

공중에 걸린 수도원
:: 더 높이, 신께 더 가까이

　　내가 묵었던 숙소에선 그리스 국영 올림픽 항공 활주로가 훤히 내려다보였다. 선박왕 아리스토텔레스 오나시스의 소유였는데 그가 그리스 정부에 기증했다고 한다. 테라스에 앉아 있으면 낮엔 지중해를 가로질러 떠가는 요트가 보이고 밤이면 환히 불 밝힌 올림픽 항공의 활주로가 보였다. 씻고 테라스 흔들의자에 앉아 마시는 커피 맛이 그만이었다. 어느 날 밥상머리에서 재미있는 이야기를 들었다. 그리스 환경부 장관이 자기 아내를 고소했다는 것이다. 사연인즉 어처구니없다. 이 철딱서니 없는 마누라가 걸핏하면 비행기를 타고 파리로 날아간다는 것이다. 그러고는 커피 한잔. 즉 커피 한잔을 마시기 위해 집에서 나와 도심에서 멀리 떨어진 공항까지 차를 몰고 가서 기다렸다가 비행기를 타고 몇 시간을 날아가 파리의 오를리 아니면 샤를 드골 공항에 내려서 다시 차를 타고 파리 시내로 들어가 커피 한잔을 마시고 아테네로 돌아온다는 것이다. 정말 놀라운 일이다. 이러니 다른 일은 말할 것도 없겠다. 초고속으로 줄어드는 재산에 혼비백산한 남편은 급기야 마누라를 고소하는 지경에 이르렀다고.

그리스는 척박하고, 우거진 숲을 보기 힘든 나라이다. 산에 나무가 귀하고 온통 돌투성이니 능숙하게 돌을 다루어 신전과 집을 짓고, 그것을 쪼아 사람을 빚었다. 마치 피가 돌기라도 하듯 따스한 베이지색 대리석으로 지은 올림픽 스타디움의 관중석에 앉아 있으면 부럽기만 하다. 그 아름다운 대리석 좌석을 플라스틱 의자 따위와 비교할 수 있겠는가. 맑고 투명한 햇살과 하늘, 습기 없는 건조한 기후는 건축물의 부식을 막아주었고 삶의 주기는 더 길게, 사멸은 더 짧게 늦추어주었다. 독일의 미술사학자 요아힘 빙켈만은, 이러한 환경에서 탄생한 위대한 그리스의 걸작들을 다시는 반복될 수 없는 환경을 통해 특정한 시기에 실현된 이상적 모델로 간주했고, 이를 '고요한 단순과 고귀한 위대함'이라 규정했다.

이곳 사람들은 느긋하다. (하긴 우리처럼 성질 급한 사람들도 별로 없겠지만) 집을 짓다가도 돈이 떨어지면 아예 공사를 중단하고 돈 생기면 다시 짓는다고 하니 참 태평한 사람들일세 싶다. 몇 년 전 우리나라의 대기업이 이곳 은행을 인수하고 그리스인들을 고용해 영업을 시작했다고 한다. 그러고 보니 그 기업의 총수가 그리스의 훈장을 받는 사진을 신문에서 본 듯하다. 이곳 사람들의 정서와 관행을 무시하고 한국식으로 마구 몰아붙인 것이 결국 탈이 났다. 그리스인들의 반응은 이랬다고 한다. "니네들 그렇게 살면 빨리 죽어." 은행은 3년을 못 가 망해버렸다고 한다.

아테네에는 기차역이 둘 있다. 하나는 그리스 북부로, 또 하나는 남부 펠레폰네소스 방향으로 떠나는 사람들이 이용한다. 깎아지른 높다란 바위에 수도원이 들어선 메테오라Meteora는 북쪽으로 떠나는 기차를 타고 다섯 시간이나 가야 한다. 조금 이른 서늘한 아침, 플랫폼 벤치에 앉아 뜨거운 커피 한잔을 호호 불어 마셨다. 정말 좋았다. 낯선 것이 불편하고 두려울 때가 있고 반대로 신선한 설렘으로 느껴질 때가 있다. 오늘은 후자다. 오늘처럼 머리가 맑고 뱃속이 든든하면 한푼 두푼 아끼느라 이 골목 저 골목 헤매는 이런 여행도 그저 달콤할 뿐이다. 그리스인들은 그리 크지 않고 가무잡잡한 것이 스페인사람들을 닮았다. 땅이 척박하니 일찌감치 바다로 나아가 지중해 일대에 식민지를 건설한 것일 테고, 터키인들이 몰려와 200여 년을 지배한 역사도 사람들의 생김새에 영향을 주었을지도 모르겠다. 이슬람인들이 무려 800년을 지배한 스페인도 마찬가지다. 오르테가 이 가세트Ortega Y Gasset가 지적했듯 안달루시아의 그라나다 왕국에서는 베르베르인, 유대인, 토착 스페인 사람들이 어울려 함께 살았다. 그리하여 가톨릭의 세력권이었던 스페인 어느 곳보다 풍요로운 문화를 일구었다. 함께 어울려 섞임으로써 더 다양하고 풍요로우며 너그러워지는 것이다.

여행을 떠나기 며칠전에 부랴부랴 아이팟을 샀었다. 아무래도 시디플레이어는 거추장스럽기 때문이다. 아타우왈파 유팡키Atahualpa Yupanqui의 건조한 목소리가 흘러나온다. 팜파의 바람 같은 고독을 사랑했던 위대한 음유시인. 화려한 기타가 고요를 베어버린다며 혐오하고, 적은 말로 많은 의미를 전달하고자 했던 노래하는 인디오. 군사정권에 쫓기던 망명 시절, 이름 없는 라틴아메리카의 노래꾼은 프랑스의 시골을 돌며 사람들에게 노래

비올레타 파라의 아들 앙헬 파라와 함께한 유팡키의 마지막 콘서트 앨범. 가쁘게 숨을 몰아쉬는 거장의 힘겨운 노래는 숙연하기까지 하다.

를 들려주었다. 고향에서 떠밀려 이국을 떠돌며 기타를 뜯는 유팡키를 생각하면 마음이 쓸쓸해진다. 그는 지금 사람들이 찾기 힘든 안데스의 이름 없는 묘지에 묻혀 있다.

나는 새벽이 올 때마다
한 줄기 빛을 찾네
밤은 왜 이리 긴지
기타야, 말해다오

그의 노래처럼 밤은 왜 이리 길기만 할까?
기차가 메테오라에 닿을 무렵엔 객실 안에는 몇 사람 남아 있지 않았다. 거의 관광객들 같았다. 부럽게도 다정히 손을 잡은 커플이 있었다. 그들을 따라 마을 안쪽으로 들어갔다. 장날이라도 되는지 비좁은 터미널은 북적

댔고 골목엔 사람들과 차들로 혼잡했다. 하루 두 대 있는 메테오라 버스편은 이미 끊겼고 웬 사내가 권하는 대로 택시를 잡아탔다. 그곳 칼람바카에서 카스트리아키 대수도원이 있는 산꼭대기까지는 그리 오래 걸리지 않았다. 친절한 기사 말로는 3~4킬로미터 정도 된다고 하니 한 시간 남짓 걸으면 산 아래 터미널까지 돌아올 수 있을 것 같았다.

메테오라는 '공중에 걸린'이라는 뜻이다. 사람들은 9세기에 벌써 이곳을 찾아 동굴이나 갈라진 바위틈에서 살았다. 그리스 정교의 수도자들은 이 엄숙한 공간에 은거해 삶의 의미와 영원에 관한 명상에 잠겼다. 핀두스 산맥에서 흘러내린 물은 대지를 깎아내려 골짜기를 만들었지만 단단한 사암과 역암 퇴적층은 그대로 남아 남쪽 피니오스 강에 이르는 뾰족 바위 언덕을 이루었다. 그 높이는 비교적 낮은 것이 20~30미터, 높은 것은 400미터에 이른다.

이곳에 수도원 공동체가 들어선 것은 14세기 중반 정치적 변동기였다. 게다가 투르크 족이 테살리아 지방을 점령하자 이곳을 찾는 사람들은 더 늘어 16세기엔 열여섯 개의 수도원이 들어섰다. 사람들은 적대자의 공격과 전란의 영향을 받지 않고 고립되어 평온한 이곳에서 고요히 살았다. 좁은 길, 가파른 계단은 쉬 접근을 허락하지 않았고 은둔자들은 줄사다리와 도르래에 의지해 필요한 것을 조달했다. 그렇다고 이 바위 위의 수도원이 대충 비바람이나 가리는 오두막은 결코 아니다. 좁은 공간을 극도로 효율적으로 설계한 사려 깊은 '작은 성채'는 강한 의지와 부단한 노력의 산물이었다. 어떻게 이 높은 곳에 돌과 나무를 나르고 견고한 벽돌 건물을 세

신성과 세속은 공간적으로도 구분되어 있나보다. 인간 세상의 온갖 곡절을 뒤로 한 채 수도사들은 이 비정한 바위 위에서 수도의 도량과 삶의 터전을 일구었다.

길이 뚫리고 더 간편하게 음식물과 필요한 것들을 옮길 수 있게 되기까지는 순전히 이런 방식으로 필요한 것을 조달했다고 한다.

위 수백 년간이나 지탱할 수 있었는지 그저 놀랍기만 하다. 인간은 어떤 열망을 품고 무언가를 창조할 때면 마치 신과 같은 경이로운 존재로 돌변하곤 하는 모양이다. 이 좁은 곳에 수도사들은 개인 기도실과 교회당, 휴게실, 작업 공간, 도서관까지 만들어놓았다. 해골이 가득 들어찬 방도 있다. 한마디 말도 해서는 안 되는 어느 수도원에서 유일하게 허락되는 말은 "죽음을 기억하라"였다던가. 여기에 바위를 뚫고 길을 낸 것은 수도원이 처음 세워진 지 무려 600여 년이 지난 1960년대였다. 한때는 스물네 개의 수도원이 있었지만 지금은 네 개만 남고 모두 비어 있다. 나 같은 관광객들이 몰려들자 수도자들은 이곳을 기피했고, 기존 수도사들은 아예 세속인들이 접근할 수 없는 아토스 수도원 등으로 옮겨갔다고 한다.

목이 말라서 수도원 초입 기념품 가게의 아저씨에게 에비앙이나 볼빅이

수도원은 엄숙한 기도처이기도 하지만 생활공간이기도 하다. 이 좁은 공간에 예배실, 식당, 회의실, 도서실, 작업실 등이 옹골차게 갖추어져 있다.

있느냐고 물었더니 (네가 찾는) 물은 없고 '나투랄'이 있다는 것이었다. 나는 그게 알코올 음료인 줄 알고 손사래를 쳤는데 그는 '아니 목마르다면서 나투랄을 마다하는 인간이 있네' 하는 표정으로 쳐다보더니 나를 끌고 구석으로 데려가는 것이었다. 거기에 수도꼭지를 틀면 콸콸 쏟아지는 생수가 있었다. 민망해진 나는 연신 그에게 고맙다는 인사를 했다.

  세속도시의 온갖 쾌락으로 사는 낙을 느끼는 우리가 수도사들의 삶을 이해할 수 있을까? 물론 불가능하다. 사실 왜 그렇게 살아야 하는지도 모르겠다. 하지만 스스로 선택한 정신의 삶, 청빈한 삶이 욕망에 휘둘리는

나투랄이 쏟아져나오는 수도꼭지.

우리의 안식 없는 삶보다 못하지는 않을 것이다. 피할 수 없는 비참한 빈곤이 아닌 삶의 한 지향으로 삼은 자발적인 가난은 그 자체로 존중받아 마땅하다. 낙엽이 우수수 떨어지는 가을산은 수려하기만 하다. S자를 그리는 길을 한 번씩 돌 때마다 멈춰 서서 이 기기묘묘한 풍광을 넋 잃고 지켜보지 않을 수 없었다. 걸어서 수도원까지 올라가는 사람들의 출발지인 카스트라키 마을엔 연기가 피어오르고 있었다. 예쁜 집, 굴뚝에서 피어오르는 연기. 이런 광경을 본 게 얼마 만인가. 마을은 비정하고 거대한 바윗기둥에 둘러싸여 있지만 강퍅하거나 드센 기운은 전혀 느껴지지 않고 낙원처럼 아름다우니, 여기에 그냥 주저앉고 싶다.

어느 집 마당에서는 부부가 감을 따고 있었다. 남편이 나무에 올라가 감을 따서 아래로 떨어뜨리면 아내가 그것을 받았다. 흐뭇한 마음으로 보고 있었더니, 그들은 감이 대여섯 개나 달린 가지를 뚝 부러뜨려 건네주는 것

이었다. 활짝 웃는 얼굴로 선물이라며. 아, 할 수만 있다면 이 마을에서 하루를 묵고 싶었지만 사흘 후엔 집에 돌아가야 하니 한시라도 빨리 델포이 쪽으로 가야 한다. 손가락 사이로 빠져나가는 모래알처럼 여행에서도 역시 원하는 것을 (알면서도) 다 가질 수는 없다.

신의 뜻을 묻다
:: 신과 인간이 만나는 세상의 중심 델포이

메테오라에서 델포이로 가는 것은 생각만큼 쉽지 않았다. 택시기사에게 물어보니 '메테오라—트리칼리—라미아—○○(알아듣지 못했다)—델포이'라는 것이다. 지도를 보면 지선도 아닌 간선도로 표시가 되어 있고 고작 두세 시간 거리일 것 같은데 세 군데나 거쳐야 한다니. 느긋이 지체할 여유가 없는 나로서는 왠지 불길한 느낌이 들었다.

이미 해가 기울고 있었지만 트리칼리로 가는 차에 올랐다. 조금이라도 더 델포이 가까이 가서 하룻밤을 잘 심산이었다. 한 시간여를 달려 트리칼리에 내리니 노란 가로등이 하나둘 눈을 뜨고 있었다. 익숙한 저녁나절, 버스 옆구리 화물칸에서 배낭을 다시 꺼내 둘러메고 터미널 매표소로 가서 라미아 가는 차가 있는지 알아보았다. 다행히 한 시간 후에 출발하는 마지막 차가 남아 있었다.

터미널을 나와 차고지 쪽으로 돌아가니 카페테리아가 있어서 에스프레소와 빵으로 대충 배를 채웠다. 점차 먹물 같은 어둠이 빈틈없이 주위를 채우고 써늘한 밤바람이 목덜미를 파고든다. 또 하루가 간다. 그리스 알파벳은 알아보기 쉽지 않다. 행선지 표지판조차 읽을 수가 없어 내심 불안했다. 옆자리에 앉은 사람에게 떠듬떠듬 물으니 자기 집이 라미아라며 걱정 말라는 것이었다. 그 한마디에 긴장이 확 풀렸다. 나는 메테오라에서 오는 길인데 라미아에서 하루를 자고 내일 델포이로 갈 거라고 했더니 '좋은 생각'이라며 격려를 해준다. 일단 안심이다.

차는 한참을 달렸다. 밤이어서 잘 보이지 않았지만 아마도 사과 껍질을 벗겨가듯 높은 산 중턱을 휘휘 돌아 인색하게 트인 좁은 길을 따라 나아가는 듯싶었다. 저 멀리 한참 아래에 도시와 마을의 불빛이 깜박이고 있었기 때문이다. 저게 그저 전깃불이 아닌 사람 사는 마을의 불빛이라고 생각하면, 멀고먼 노란 불빛에서도 온기가 느껴진다. 시끄럽게 떠들던 젊은이들도 이제 입을 다물었고 차 안은 물 속처럼 조용하다. 어둠은, 그리고 대지는 사람을 위압하는 힘이 있다. 강원도에 처음 갔을 때, 신이 나서 지껄이던 젊은 것들도 막상 커다란 산과 밤이 동맹을 맺어 위압적으로 내리누를 때면 압도되어 목소리를 죽이고 종내는 침묵을 지키곤 했으니까.

열시가 다 되어 라미아에 도착했다. 방향을 알 수 없어 'CENTER'라는 표지판을 따라 무작정 걸었다. 이 마을에는 호텔이 둘 있는데 유감스럽게도 좀 비싼 편이다. 한 군데에 들어가 요금을 물어보니 무려 사십 유로, 노땡큐다. 하지만 근처에 있는 다른 호텔도 값은 별 차이가 없어 하는 수 없이 배낭을 내려놓았다. 프런트에 여권을 보여주었더니 코레아? 하고 묻는다. 말을 하진 않았지만 눈을 가늘게 뜨고 재미있다는 표정으로 빤히 쳐다보는 본새가 '맙소사, 웬 코레가 여기까지 왔어?' 하는 표정이다. 그래 맞다. 나도 내가 이 그리스 시골구석에서 싸구려 호텔을 찾아 헤매게 될 줄은 몰랐으니 피차일반 아니삼?

동이 트자마자 눈 비비고 일어나 숙소를 나왔다. 가이드북에도 나오지 않는 이 마을의 버스터미널을 물어물어 찾아갔더니 아니나 다를까 아테네나 테살로니키 같은 멀리 떨어진 대도시로 떠나는 버스의 기착지였다. 델포이 가는 차는 어느 주택가의 상점을 겸한 매표소 옆 큰길에서 출발 시간을 기다리고 있었다. 차는 몇 시간 후, 열한시가 다 되어 떠난다. 괜히 새벽에 일어나 부산을 떨었구나. 속이 쓰렸다. 아, 오늘 아테네로 돌아갈 수 있을까? 모레 비행기로 돌아가야 하는데 만약 무슨 일이 생기면 어쩐다. 걱정 근심이 뭉게뭉게 피어올랐다. 여긴 정교한 시계 톱니 같은 믿음을 주는 독일 같은 곳이 아니라 그리스 시골이 아닌가.

라미아에서 델포이 가는 길 역시나 험로 그 자체였다. 차는 까마득한 산꼭대기를 기어올라간다. 그리스 중북부 지방의 산은 쓸 만한 나무나 숲은 찾아볼 수 없는 볼품없는 바위산이다. 길은 숱한 연봉의 허리춤 윗부분으로 위태롭게 이어지고 길 아래는 천길 낭떠러지. 만약 기사가 까딱 졸기라도 하면 차는 종잇장처럼 구겨질 테고 우리 육신은…… 머리가 어지럽다. 차 안은 무더운 한낮의 열기로 끓어오르고 버스는 어지럽게 턴을 거듭한다. 길이 험하니 속도는 겨우 시속 40~50킬로미터. 지도상으로는 한 시간이면 충분히 도착할 수 있을 듯 보였지만 길이 이 모양이니 매표소 아줌마 말처럼 '쓰리 아우어스'가 걸릴 수밖에 없었다. 괴로운 여정이다. 졸다가 깨다가 지쳐 늘어질 때쯤 차는 어디선가 멈췄다. 여기서 일단 차를 내렸다가 한 시간 후에 도착하는 다른 차를 타고 델포이를 간다는 것이다. 도대체 델포이란 도시는 어디에 있단 말인가. 한숨이 절로 나왔다.

옛날 옛적, 세상이 커다란 원반 모양이라고 믿던 시절, 제우스는 독수리 두 마리를 각각 동쪽과 서쪽에 놓아주면서 세계의 중심을 향해 날아가게 했다. 두 마리 독수리는 고대의 시인이 "두 개의 빛나는 정상을 지녔다"고 묘사한 험준한 바위산 파르나소스의 공중에서 만나 산꼭대기에 나란히 내렸다. 그리스인들은 그 지점에 돌을 놓아 '옴팔로스(배꼽)'라 이름 짓고 신전을 세웠다.

아테네에서 북서쪽으로 170킬로미터 떨어진 그리스 중부 포키스 지방의 험준한 파르나소스 중턱에 자리 잡은 델포이는 원래 대지의 여신 가이아를 섬기던 곳이었다. 그런데 빛과 지혜의 신 아폴론이 가이아 신전을 지키는 거대한 암룡 피톤을 죽이고 델포이를 자신의 신전으로 삼았다. 델포이라는 이름도 아폴론이 돌고래delphis로 가장하고 뱃전에 뛰어올라 크레타 선원들을 복종시켰다는 데서 유래한 것이다.

신의 뜻을 묻는 순례자가 이 깎아지른 바위산의 한없이 긴 오르막길을 올라 오른쪽으로 눈을 돌리면 가슴이 한없이 후련해지는 장관을 맞게 된다. 저 멀리 코린트 만의 이오니아 해는 짙푸르기만 하고 바다는 햇살과 몸을 섞어 사금파리같이 영롱하게 빛난다. 난간에 걸터앉아 한량없이 경건한 마음으로 이 포키스 지방의 첩첩한 산들과 손에 잡힐 듯 아스라한 코린트 만의 장관을 바라보았다. 아, 커피 한잔, 나도 모르게 주위를 두리번거렸다. 하지만 유럽에서 커피 자판기는 구경해본 적도 없다. 입맛을 다시

구불구불한 비탈길을 한참 올라와 한숨을 돌리고 아래쪽을 내려다보면 저 멀리 코린토스 만을 적시는 이오니아 해의 잔물결이 사금파리처럼 빛난다.

며 천천히 델포이의 고대 유적지 쪽으로 발을 옮겼다.

아테네로 가는 길 아래쪽 지역에 있는 아테나 프로나이아 신역에는 톨로스라는 원형 구조물이 있다. 델포이를 소개하는 여행 책자엔 정작 아폴론 신전 사진보다는 이 톨로스 사진이 실려 있곤 한다. 훨씬 그럴싸하기 때문일 것이다. 옛 순례자들은 아폴론의 신탁을 찾기 전에 우선 이곳에서 참배를 한 다음 아테네 가도 위쪽 지역의 신탁소로 발길을 옮겼다. 매표소를 지나 아폴론 신역으로 들어가면 성스러운 길이라는 표지판이 보인다. 계단 모양의 산허리에 지그재그로 난 이 길을 따라 가면 아폴론 신전이 나

오래전 델포이 사람들이 아테나 여신을 모시기 위해 세운 도리아식 건축물. 누구를 위해 어떻게 사용되었는지는 아직도 알려지지 않고 있다.

온다. 최초에는 올리브 가지로 지었다고 하는데 몇 번 불에 타버리고 다시 짓는 과정을 되풀이한 후 지금 남은 것은 기원전 4세기경의 유물이다. 장방형의 아폴론 신전은 상상했던 것처럼 신비하지 않다. 플루타르코스에 따르면 "대지의 갈라진 틈에서 안개 같은 연기가 피어올랐다"고 하지만 연기는커녕 갈라진 틈조차 찾을 수 없다.

한때 델포이의 신전은 영화를 누려 "이번 혼담을 받아들일 것인가" 따위의 사사로운 문제뿐 아니라 국가의 중대사에도 신탁을 내려 심지어 정책을 바꾸게 하기까지 했다. 하지만 달도 차면 기우는 법. 로마가 그리스를 지배하고 그리스도교를 국교로 공인하면서 이교도들의 신탁처는 점차

아폴론 신전. 이곳에서 고대 그리스인들은 사소한 가정사에서 국가 중대사에 이르기까지 신의 뜻을 구했다. 당시의 삶과 문화적 맥락과 단절된 오늘날 그때의 분위기를 느끼기란 불가능하다.

쇠락해갔다. 서기 400년경, 기독교를 반대한 배교자 율리아누스가 델포이의 옛 영화를 되돌리려 했지만 델포이의 신탁은 황제의 열성에도 아무런 반응을 보이지 않고 사라져버린 옛 영광을 한탄하기만 했다고 한다.

왕이시여, 이 아름다운 집은 이제 끝입니다. 아폴론은 더이상 피난처가 아닙니다. 월계수는 서둘러 시들고 아폴론의 예언은 영원히 침묵에 잠길 것이며 물살의 중얼거림도 그칠 것입니다.

신탁oracle의 어원은 '기도하다, 말하다'라는 뜻의 'orare'에서 유래했다고 한다. 즉 신의 말이다. 고대에는 신탁을 내리는 신전이 열여덟 곳이나 되었지만 그중에서도 델포이 신전의 아폴론 신탁이 가장 유명했다. 신탁을 내리는 방식은 꽤나 시적이다. 영감을 받은 이가 신에게 직접 물어 답을 얻기도 하고 시시하게 제비를 뽑기도 했지만 성스러운 샘물의 흔들

림, 나뭇잎이 바스락거리는 소리에 귀를 기울여 점을 치기도 했다.

내가 어렸을 때 마을에서 신내림 굿을 구경한 적이 있다. 무당이 신을 부른다. 그러면 신내림을 받을 동네 아주머니가 불려와 나뭇가지를 잡고 신을 모시는 것이다. 사시나무 떨듯 나뭇가지가 심하게 떨리고 그걸 잡은 아낙의 입을 통해 망자가 말을 하는 것이다. 인상적이었던 것이, 귀신은 아무에게나 말을 건네는 게 아니어서 꼭 그 아주머니를 불러와야 했고, 그녀는 이 일을 무척 두려워하고 싫어해서 마지못해 그 나뭇가지를 붙잡곤 했던 것 같다. 신의 말을 영험한 능력을 가진 이가 받아 '번역'해 내일의 일을 궁금해하는 사람들에게 전하는 방식은 그리스나 한국이나 다를 것이 없다.

신탁을 받으려는 사람과 무녀 피티아는 먼저 카스탈리아 샘에서 목욕을 했다. 피티아는 성스러운 샘물을 마신 후 신전 지하 골방에 있는 삼각의자에 앉아 월계수 잎을 씹었다. 비정상적인 상태에서 피티아는 때로는 다른 이들이 알아들을 수 있는 말을, 때로는 알아들을 수 없는 말을 중얼댔다.

이 신탁을 아폴론 신전의 사제가 해석하여 의뢰한 이에게 들려주었다고 한다.

　신전에서 언덕길을 힘들게 걸어 올라가니 그리스에서 흔히 볼 수 있는 야외극장이 있다. 이 야외극장과 마찬가지로 보존이 잘된 경기장 주변 언덕엔 무성한 침엽수림이 푸른빛을 내뿜고 있었다. 이곳에서 그리스인들은 축제를 열었다. 스타디움에서 열린 고대 올림픽이 육체적 강인함과 기예를 겨루는 것이었던 반면 이곳에서는 스포츠뿐만 아니라 마술, 문화행사, 연주회 등을 벌였고 극장에서는 비극과 희극을 상연했다. 폭군 네로 역시 델포이에서 거행된 피티아 제전에 참가해 노래를 불렀고 물론(!) 우승을 차지했다. 네로는 델포이뿐만 아니라 올림피아, 코린토스 등지의 제전 역시 휩쓸었는데 마차경주에서는 도중에 말에서 떨어져 기권했는데도 심판은 네로를 우승자라고 선언해버리기도 했다.

　신탁과 관련한 숱한 일화 가운데서도 가장 유명한 것은 크로이소스에 관한 것이다. 지금의 터키 땅인 리디아 왕인 크로이소스는 점차 강대해가는 페르시아를 더 늦기 전에 치기로 하고 그 전에 신의 뜻을 알고 싶어했다. 그리스 여러 곳에 사자를 보내 시험을 해본 결과 델포이 신탁이 유일하게 크로이소스의 믿음을 얻었다. 신탁의 영험함을 확신한 그는 막대한 봉물을 바치고 전쟁에 관한 신탁을 물었는데 다음과 같았다. "크로이소스가 페르시아로 출병하게 되면 대제국이 멸망할 것이다." 크로이소스는 기뻐 날뛰며 당장 출병을 서둘렀다. 그의 군대는 기세 좋게 나팔을 울리며 돌진했지만 그만 페르시아의 키로스 왕에게 대패하고 말았다. 크로이소스

이곳에서 열린 피티아 제전에서 로마 황제 네로는 노래를 불렀다. 물론(?) 우승은 네로의 차지였다.

는 신탁소에 '깜박 잊고' 대체 누구의 제국이 멸망할지 묻지 않았고, 아전인수 격으로 자신에게 유리한 쪽으로 해석해버렸던 것이다. 멸망한 제국은 페르시아가 아니라 자신의 제국이었다.

그렇다고는 해도 그의 몰락은 예견된 것이었다. 무녀는 말한다. "정해진 운명은 (아폴론)신조차도 어쩔 수 없는 것"이라고. 사실 크로이소스의 몰락은 그의 선대인 기게스가 불명예스럽게 왕위를 찬탈했을 때 들려왔던, '너의 후대에 징벌을 받으리라'는 예언이 실현된 것뿐이었다. 크로이소스는 일종의 연좌제에 걸린 것이었고 신조차도 정해진 운명을 되돌릴 순 없었던 모양이다.

어디에나 일본 관광객들이 많았다. 스타디움에 들어서서 아이에게 뜀박질을 해보라고 하자 아이는 주저없이 스프린터로 돌변했다.

 이 변덕스러운 신의 뜻과 운명에 자신과 국가의 운을 시험하던 시절은 막을 내렸고 이 지상에서의 삶은 이제 온전히 인간 자신에게 맡겨졌다. "인간은 다른 인간에게 늑대"(스페인 속담)인 시대, "만인에 대한 만인의 투쟁"이 일상화된 이런 시대를 살다보면 차라리 인간 말고 초자연적인 중재자가 있었으면 싶을 때가 있다. 악인에게는 벼락을 선량한 사람에게 복을 내리는, 그러면 멋지지 않을까?
 하지만 인간의 운명은 그 자신의 것이다. 저 성스러운 샘물의 속삭임, 나뭇잎의 비밀스러운 수군거림은 이제는 그저 자연현상에 불과할 뿐이다. '자, 모든 것은 내게 달렸다'고 중얼거려보지만 내려오는 발걸음은 무겁고 햇볕은 따갑기만 하다. 아폴론 신전에 묻고 싶은, 신탁을 구하고 싶은

게 있었던 것 같은데 그게 뭐였더라…… 일, 결혼, 살아갈 날들. 그 모든 것이 만만치 않은 숙제로 엄숙하게 다가온다.

 다시 마을로 돌아와 해질녘의 코린트 만을 묵묵히 바라보았다. 밤이 내리고 있다. 더불어 여행도 끝나간다. 여행이란 음악과 같다. 음악이 시간 속에서 소멸됨으로써 완성된다면 여행 또한 그렇다. 그리고 아스라한 기억이 남는다. 이런 기억으로, 좋은 추억으로 우리는 겨우 살아가는지도 모른다. 추억도 힘이 되니까 말이다. 며칠 후면 다시 왔던 곳으로 돌아간다. 여행은 멋진 것이지만 저 파르나소스 산처럼 묵묵하고 장엄한 일상에 비하면 사소한 것에 불과하다. 중요한 것은 그렇게 제 자리에 머물러 용기 있고 지혜롭게 잘 살아가는 것이겠지. 찰스 디킨스가 말하지 않았던가. "우리가 끝까지 용감하게 자신의 삶을 지켜내는 조건으로 인생은 우리에게 주어졌다"고…….

두 번의 여행을 마치며……

몇 년 전 다니던 직장을 막상 그만두었을 때 든 생각은 놀랍게도 "이제 뭘 먹고살지?"가 아니었다. 당시 내 처지로는 당연히 생계 걱정으로 밤을 지새워야 하는 상황이었는데도. 나는 백수 시절 보금자리였던 시립 도서관으로 '돌아가' 다시 얌전히 책을 읽었다. 매일 아침 사서 몰래 커피 한 잔을 손아귀에 감추고 열람실 한쪽 구석에 앉아 있노라면 당분간은 행복할 수 있겠구나 싶었다. 쌓아놓은 책을 한 권씩 읽던 어느 날 '왜 난 이런 델 가볼 생각은 안 했을까?'라는 생각이 퍼뜩 들었다. 물론 먹고사느라 그랬다. 그 순간 먹고사느라 (하고 싶었지만) 억울하게도 못 해본 일들이 촤르르 눈앞을 스쳐 지나갔고, 갑자기 온몸이 가렵고 붕 뜨는 것이 날개가 돋아나는 듯했다. 시간은 쇠털같이 많았고 당장 반드시 해야 할 일도 없는 데다 통장에 들어온 (내 형편엔) 적지 않은 퇴직금이 등을 떠밀었다.

인간이 한 번밖에 살 수 없다는 것은, 우리 인생이 실수투성이일 수밖에 없다는 얘기나 다름없다. 단 한 번뿐이기에, 우리는 리허설도 준비도 없이 무대에 오르는 무지몽매한 배우와도 같은 존재가 아니겠는가. 한 번도 안 해본 일을 어찌 잘할 수 있으랴. 그렇다면 남는 것은 "일단 이 길을 선택했으므로 나는 이 길을 갈 수밖에 없다"(안드레이 타르코프스키)는 단호

한 결단뿐이다. 우리가 삶의 한 푯대로 삼는 지적, 도덕적 선구자들, 탁월한 예술가들은 대체 '처음 해보는' 이 암담한 일을 어떻게 감당해냈을까? 나는 시립도서관 열람실에서, 헌책방에서, 돈을 벌게 된 후부터 비로소 마음 편히 사들인 책들로부터, 그리고 저잣거리의 귀동냥을 통해 좌충우돌 두서없이 그들의 궤적을 좇았다. 니코스 카잔차키스, 요한 제바스티안 바흐, 폴 세잔, 카를 마르크스, 안토니오 그람시, 케테 콜비츠…… 자신의 선택이, 믿음이 정당했음을 입증하기 위해 자신의 전 생애를 걸고 투쟁했던 사람들, 내가 멋대로 사숙私淑한 이 '스승'들이 나는 문득 그리웠고 그래서 떠났다.

  세상은 아름다웠고 사람들은 친절했다. 크레타의 시골 마을, 론 강의 강둑, 오베르의 들판, 안달루시아의 뒷골목 어디에서나 바람은 향긋했고 햇살은 눈부시게 쏟아졌으며 나무 그늘은 그윽하기만 했다. 스무 살 적 내 뼈를 여물게 했고 눈에 날카로운 투쟁심을 불어넣었으며 가슴엔 아름다운 것에 대한 숭고한 경외심을 깃들게 했던 스승들의 흔적들을 찾아 걷는 마음은 비할 데 없이 황홀했다. 고요하고 황홀했다. 북스테후데의 연주를 듣기 위해 사흘을 걸었다는 바흐나, 저 유명한 하나님의 사람 블룸하르트의

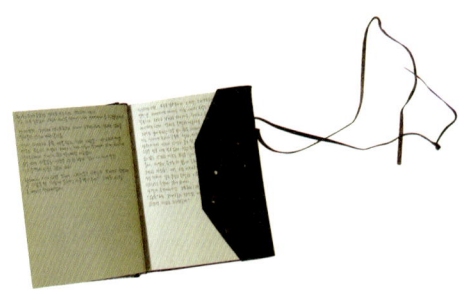

　설교를 듣기 위해 며칠을 걸었다는 라가츠에 비할 수는 없겠지만 적어도 나에게는 애틋하기 그지없는 순례길이었다.

　여행이 뭐 별거겠는가, 라고 생각하기는 한다. 이 자리에 머물러 자신의 삶을 견고하게 잘 만들어나가는 것에 비하면 그건 정말 사소한 에피소드에 불과한 것이다. 게다가 드라마틱한 모험이나 깊이 있는 인문학적 기록물이 아닌, 넓디넓은 세상에 몇 개의 점을 찍고 거기에 선을 그어본 데 불과한 짧은 여행의 기록으로 너무 호들갑을 떠는 게 아닌가 싶어 이 글을 읽을 남의 눈이 두렵기도 하다. 그래도 여행은 내게 너무나 강렬한 체험이었고 깨달음의 장이었으며, 돌아와서는 힘들 때마다 적지 않은 힘이 되어주었다. 지금도 그렇다.

　이 책은 2001년과 2005년 횟수로는 두 번, 날 수로는 100일가량의 유럽 여행을 정리한 것이다. 책이 출간되기까지 애써준, 고마워해야 할 사람들이 많다. 무엇보다 출간을 결정하고 한 권의 책으로 만들어준 북하우스 편집부와 디자인팀 식구들께 감사드린다. 추천글을 써주고 먼 곳에서도 늘 도움을 아끼지 않았던 박상미 씨께도 고마움을 전한다. 그리고 철이 든 이후 가장 중요한 시간들을 함께한, 스승이자 동지였고 따뜻한 벗이었던

'새벽'의 친구들에게 인사를 보낸다. 부디 그들이 함께 기뻐해주었으면 좋겠다. 나는 미숙했지만 진지했고 나름의 열정을 쏟았던 그 시절을 앞으로도 잊지 못할 것이다.

그리고 평생 자식들 잘되기만 바라고 착하게 살아오신 어머니께 큰절을 올린다.

2006년 9월

박수인

크레타로 가는 밤배
―책 속의 그곳, 그림 속의 그곳을 찾아서
ⓒ 박수인 2006

초판인쇄 | 2006년 9월 22일
초판발행 | 2006년 10월 1일

지 은 이 | 박수인
펴 낸 이 | 김정순
책임편집 | 박여영 성정석
펴 낸 곳 | (주)북하우스
출판등록 | 1997년 9월 23일 제406-2003-055호

주　　소 | 413-756 경기도 파주시 교하읍 문발리 파주출판도시 513-8
전자메일 | editor@bookhouse.co.kr
홈페이지 | www.bookhouse.co.kr
블 로 그 | blog.naver.com/bookhouse1
전화번호 | 031-955-2555
팩　　스 | 031-955-3555

ISBN　89-5605-161-5　03810

이 서적 내에 사용된 피카소의 작품은 SACK를 통해 Succession Picasso와 저작권 계약을 맺은 것입니다.
저작권법에 의하여 한국 내에서 보호를 받는 저작물이므로 무단 전재 및 복제를 금합니다.

이 도서의 국립중앙도서관 출판도서목록(CIP)은 e-CIP 홈페이지(http://www.nl.go.kr/cip.php)에서
이용하실 수 있습니다.(CIP제어번호:CIP2006002006)